KB137488

이타적 사회를 위한

자원봉사론 自願奉仕

김성희 지음

'새로운 사회시스템을 창조하는 자원봉사를 위한
업그레이드된 이론과 실천방법'

PREFACE

사람은 누구나 다른 사람의 도움을 받으며 살아간다. 만들 줄 모르는 음식이나 옷이 있으면 시장에서 구입하며 살아가듯이 혼자 힘으로 살기 어려운 때에는 누군가의 위로를 받고 자원과 기회를 제공받으며 살아갈 힘을 얻는다. 우리의 삶이 이기적으로 되어가도 이타성은 여전히 필요하다고 볼 수 있다.

사회에는 물건을 사고파는 시장이 있는 것처럼 도움을 주고받을 수 있는 자원봉사라는 장이 열려 있다. 사람들은 이타성을 바탕으로 자원봉사활동을 하면서 도움받기 어려운 개인주의 사회를 도움을 주고받기 편한 이타적인 사회로 만들어 간다.

자원봉사의 장에는 아동부터 노인까지 누구나 참여할 수 있고 참여자들은 돌봄과 교육 등 거의 모든 생활영역에서 필요한 도움을 주고받는다. 자원봉사의 장을 활성화시키기 위해서는 관련된 지식이나 이론, 기술은 사회복지학뿐 아니라 생활과 관련된 여러 학문 영역에서 통합적으로 제공하는 것이 효과적이라 볼 수 있다.

이러한 필요성에서 저자는 25년 넘게 사회복지학과 가정학, 아동학에 관한 강의를 하고 논문을 쓰고 활동하며 쌓은 학제적인 경험과 지식을 적용하여 이 책을 기술하였다. 이타성을 함양하는 데 필요한 이론과 도움을 주고받을 때 요구되는 전문적인 기술, 슈퍼자본주의 사회에서 변화하는 자원봉사활동 개념에 대한 논점에 역점을 두고 집필하였다.

현대인은 공정한 것을 중요하게 생각한다. 빚을 갚지 않으면 고통을 당하는 사람이 있는 것처럼 내가 받은 도움과 누린 것을 갚지 않는다면 공정한 세상이 되기 어렵다. 자원봉사는 도움 받은 빚을 청산하는 장일 뿐 아니라 나눔으로 공정을 이루게 하는 장이라 생각한다.

이 책에는 자원봉사활동으로 도움을 쉽게 주고받을 수 있는 이타적인 사회가 되고 공정한 세상이 되길 바라는 마음이 담겨있다. 이타적인 사회를 희망하는 학생과 시민, 슈퍼자본주의 사회의 특성을 반영하고 전문성을 강화한 이론서를 찾는 강의자, 자원봉사를 활성화시키고 싶은 자원봉사 관리자에게 도움이 되었으면 한다.

보면 볼수록 부족한 면이 눈에 들어오는 졸고이지만 다음 세대에 더 나은 책의 초석이 되길 바라며 책을 출간하였다. 학생과 시민, 강의자, 자원봉사 관리자에게 유용한 책이 되길 소망하면서 출간을 해주신 도서출판 21세기사와 이 책이 나오기까지 돌봄을 제공하지 못해도 묵묵히 인내해준 가족에게 감사의 마음을 전한다.

순천대학교 연구실에서

2023년 12월

저자 김성희 교수

CONTENTS

CHAPTER 1

이타성과 자원봉사

이 장에서는 자원봉사활동의 바탕이 되는 이타성의 본질에 대해 학습한다. 이타성과 이기성의 차이를 알기 위해 생물학과 뇌과학의 연구를 살펴보고, 이타적 행동을 고취시키는 사회적·신체적·심리적 보상과 이타성 발달에 영향을 미치는 요인, 이타적 행동의 한계와 확장, 이타적 사회를 구현하는 방법에 대해 학습한다.

CONTENTS

1.1 이타성과 이기성에 대한 이해

1) 생물학의 견해

대가를 바라지 않고 타인과 사회를 위해 자발적으로 시간과 노력을 제공하는 자원봉사활동은 이타성을 기반으로 한다.[1] 이타성(Alturism)의 어원인 라틴어 altre에는 '다른'이란 의미가 있다.[2]

이타성에 대해 심리학이나 사회학에서는 다른 사람을 위해 자신을 희생하거나 자신에게 이익이 되지 않아도 타인의 이로움을 증가시키려는 심리적 성향으로 정의한다. 반면 타인의 희생 하에 자신의 이익을 도모하는 성향은 이기성이라 한다.[3][4][5]

자본주의가 더 강화되고 심해지는 슈퍼자본주의 사회에서는 경쟁이 격렬해지므로 공동체를 보호하는 가치는 외면당한다고 로버트 라이시(Robert Reich, 2008)는 주장하였다.[6] 집단보다 개인의 이익을 추구하는 현대사회에서 사람들은 이기성을 극대화시키고 이타성은 최소로 나타낸다고 볼 수 있다.

이타성과 이기성을 다른 것으로 정의하는 심리학이나 사회학에서와는 달리 생물학에서는 모든 살아있는 생명활동은 기본적으로 이기성에 기초하는 것으로 본다. 이타성을 이기성에 바탕을 둔 생존전략으로 파악한다.

생명체는 자신과 비슷한 유전자를 퍼뜨리기 위해 이타적 행동을 한다는 '혈연선택이론'이 윌리엄 해밀턴(William Hamilton)에 의해 제시되었고, 리처드 도킨스(Richard Dawkins)는 이타적인 집단일수록 생존확률이 높아지므로 유전자는 본래 이기적이라는 '이기적 유전자'를 주장하였다.[7][8]

일벌이 침입자에 대해 사력을 다해 공격하는 것이나 일개미가 죽도록 일을 해서 여왕개미에게 먹을 것을 갖다 주는 것은 이타적인 것처럼 보이지만 사실은 자신들의 유전자를 지키고 퍼뜨리기 위한 이기적인 행동이라는 것이다.

이러한 생물학적 견해로 볼 때 이타적 행동은 혈연적으로 가까운 동일 유전자를 가진 가족이나 민족 간에 나타날 가능성이 높다고 볼 수 있다. 그러나 유사한 유전적 요인을 갖지 않은 집단을 위해 이타적 행동을 하는 생명체도 나타난다. 이에 대해 생물학에서는 이타적 여유를 부려도 생존할 정도로 우수한 유전자를 갖고 있다는 것을 과시하는 신호라고 설명한다.[2)]

2) 뇌과학의 견해

이타성을 이기성에 바탕을 둔 본질적으로 같은 생존전략으로 파악하는 생물학과 달리 뇌 과학에서 이타성과 이기성은 활성화되는 뇌의 영역이 다른 별개의 성향으로 연구된다.

고려대 연구팀은 실험대상자들이 학습 결과에 따라 자신이 듣는 소음이 줄어들게 하거나 타인이 듣는 소음이 줄어들게 하며 이기적인 학습을 할 때와 이타적인 학습을 할 때 활성화되는 뇌의 영역을 조사하였다. 이 연구에서 이기적인 행동을 할 때 활성화되는 뇌는 이타적일 때의 뇌와 다르게 나타났다.[9)]

듀크대학 과학자들은 컴퓨터 게임을 하는 집단과 이를 구경하는 집단으로 나누고 기부 의향을 묻는 실험을 하며 뇌를 관찰하였다. 그 결과 기부를 하려는 이타적인 사람은 그렇지 않은 사람보다 뇌후두부의 활성도가 높고 이타적 의향은 게임을 할 때보다 게임을 구경할 때 더 높은 것으로 나타났다.[10)]

이타성과 관련이 있는 것으로 밝혀진 뇌후두부는 타인의 의도를 헤아리고 행위를 예측하는 기능을 한다. 구경을 할 때 활성화되는 이 영역이 이타성과 관련 있는 것은 이타성이 타인의 의도와 환경조건을 인식하는 고도의 인지 작용과 관련 있다는 것을 나타낸다.

교육학자 하워드 가드너(Howard Gardner)는 인간의 다중지능에는 영성지능(SQ: Spiritual Quotient)이 있다고 말한다. 영성지능은 존재론적 의미와 삶의 근원적 가치, 행복을 추구하는 능력으로 이 지능이 높은 사람은 나보다 우리를 생각하고 주변환경과 상황을 살피는 통찰력을 보인다고 한다. 이타성은 영성지능과 관련이 있다고 볼 수 있다.[11)]

슈퍼자본주의 사회에서 사람들은 생존을 위해 금전만능주의에 몰입하며 이기적이고 개인적인 가치를 추구한다. 그러나 빈곤과 정서적 불안정이 증가하고 타인과 집단의 도움 없이 해결하기 어려운 위험도 많아지고 있다. 생존력을 높이려면 집단의 가치를 인식하는 이타적인 지능을 발달시키는 것도 필요하다고 볼 수 있다.

1.2 이타적 행동에 대한 보상

1) 사회적 보상

이타적 행동은 집단의 생존력만 증가시키는가? 이타적 행동은 개인의 희생을 바탕으로 하지만 사회적 보상이 따르므로 개체의 생존력도 증가시킨다.

사람들은 이기적 행동은 다른 사람에게 해를 끼치고 공존을 위협하므로 부정적으로 평가하지만 다른 사람을 이롭게 하고 집단의 응집력을 증

가시키는 이타적 행동은 선호한다.[12)4)]

이타적 행동에 대한 사람들의 반응을 알아본 실험이 있다. 대학생으로 팀을 구성해서 한 명을 물통 밑에 앉히고 다른 동료가 공으로 물통을 맞혀서 터뜨려 물세례를 받게 하는 게임을 하게 하였다.

그리고 많이 맞힌 팀에게 상금을 주며 나누어 갖게 하였더니 물세례를 많이 받은 자가 가장 선호도가 높고 가장 많은 상금을 배당받은 것으로 나타났다.[13)]

이타적 행동에는 희생만 따르는 것이 아니라 인기가 올라가고 배당금도 더 많이 받는 사회적 보상이 주어지는 것을 보여주는 결과였다. 이타적 행동을 하는 개인은 물세례를 받는 것처럼 다른 사람이 겪지 않는 고통을 당할 수 있다.

그러나 사람들은 이러한 희생자에게 호감을 가지며 고통에 상응하는 보상으로 사회적 지위와 금전적 보상을 주어 개인의 생존력을 높인다는 것을 알 수 있다.

2) 신체적 · 심리적 보상

이타적 행동에는 사회적 보상뿐 아니라 신체적·심리적 보상도 주어진다. 건강을 증진시키고 기쁨을 느끼게 하며 스트레스를 극복할 수 있게 한다. 맥클랜드(McClelland, 1989)의 연구에 의하면 선한 행동은 그것을 보거나 듣는 것만으로도 면역력을 높인다고 한다.

이를 마더 테레사 효과(The Mother Teresa Effect)라고 부르는데 실험대상자들에게 테레사 수녀가 봉사하는 필름을 보여주고 보기 전과 후의 면역항체를 조사하였을 때 면역력이 높아진 것으로 나타났다.[14)]

또한 다른 사람들을 도우면 강렬한 운동을 했을 때처럼 엔돌핀이 증가해 행복감을 느끼며 건강해진다고 한다. 이를 '헬퍼스 하이(Helper's High)'효과라 한다(Luks & Payne. 2001).[15)]

미국 미시건대 연구팀이 70세 이상의 부부 423쌍을 대상으로 5년간 조사한 연구(2003)에서 정기적으로 다른 사람을 도왔던 사람들이 더 장수한 것으로 나타났다.[16)]

심리학자 프로이트(Freud, 1856~1939)는 인간은 일상생활에서 겪는 불안과 스트레스로부터 자아를 보호하기 위해 성숙한 방어기제로 이타주의(altruism), 유머(humor), 친교(affiliation) 등을 이용한다고 주장하였다. 이타적인 행동이 심리적 좌절이나 스트레스를 극복하게 하는 효과도 있다는 것을 알 수 있다.[17)]

이타적 행동의 심리적 효과는 뇌과학 연구에서도 밝혀지고 있다. 한 실험에서 여학생들에게 백 달러 기부를 자유롭게 할 수 있게 하고 기부 선택에 따른 뇌의 차이를 조사하였다.

그 결과 기부를 선택한 여학생은 그렇지 않은 여학생에 비해 보상중추가 의미있게 활성화된 것으로 나타났다.[18)] 이타적 행동이 뇌의 보상회로를 자극해서 심리적으로 기쁨을 느끼게 한다고 볼 수 있다.

이기적 행동에 몰입하기 쉬운 슈퍼자본주의 사회에서 서로 공존하며 살아가려면 이기적 행동만이 개인에게 최선의 생존전략이 아니라 이타적 행동으로 자신과 타인, 집단 모두를 이롭게 할 수 있다는 인식이 필요하다고 볼 수 있다.

1.3 이타성의 발달에 영향을 미치는 요인

1) 본성

이타성은 타고난 본성인가 학습에 의해 나타나는 것인가? 이에 대해 심리학자 마이클 토마셀로(Michael Tomasello, 2011)는 이타성은 교육을 통해 구성되는 것이 아니라 타고난 본성이라고 주장하였다.[19]

이타성이 본성이라는 것을 보여주는 연구들에 의하면 1살 정도의 영아들은 떨어뜨린 물건을 주워주는 것과 같은 도움행동을 보이며 선악을 구분하는 능력을 보인다고 한다.[20][21][22][23]

한 실험에서 12개월 영아를 대상으로 언덕을 오르려는 동그라미를 보여주고, 동그라미를 돕는 도움 자와 돕지 않는 중립자 중 하나를 선택하게 하였다. 영아들은 도움자를 중립자보다 더 선호한 것으로 나타났다.[24]

유아들은 희생자를 돕는 행동도 보인다고 한다. 18개월에서 24개월 유아를 대상으로 하는 실험에서 A 어른이 그린 그림을 B 어른이 찢는 모습을 보여주고 도움을 제공할 수 있게 하였다. 유아들은 그림을 잃은 A어른에게 염려하는 표정을 짓고 더 많이 돕는 행동을 하였다.[19]

유아는 불공정한 상황에 민감한 반응을 보인다는 연구결과도 있다. 미국과 독일 과학자들은 15개월 된 유아들에게 비디오로 두 개의 장면을 보여주는 실험을 하였다.

두 사람에게 똑같이 과자를 나누어주는 장면과 한 사람에게만 더 많이 주는 장면을 보여주었더니 유아들은 더 많이 받는 장면을 더 오랫동안 주시하면서 놀라는 반응을 보였다고 한다.[25][26]

이 실험에서 불공정에 민감한 유아의 이타성도 조사하였다. 유아들에게 자신이 좋아하는 장난감을 선택하게 한 후 그것을 연구자가 달라고 하였다. 유아 중 1/3이 자기가 좋아하는 장난감을 주었는데 이 아기의 92%는 불공정한 분배를 더 오래 주시한 아기였다.[25)26)]

2) 학습

이타성이 학습의 영향을 받는다는 것을 보여주는 연구 결과도 있다. 미국 스탠포드대 연구진은 상호작용 경험이 이타성에 영향을 미치는 것을 보여주는 실험을 하였다.

이들은 1~2세 아기를 두 집단으로 나눈 후 한 집단의 아기는 공놀이를 혼자 하게 하고 다른 집단은 연구자와 공놀이를 함께 하게 하였다. 그리고 연구자가 일부러 공을 떨어뜨려 공을 주워주는 이타성을 보이는지를 조사하였다. 연구자와 공놀이를 함께한 아기가 혼자 놀이한 아기보다 3배 더 공을 주워주는 이타성을 보인 것으로 나타났다.[23)]

음악에 맞추어 함께 움직이는 상호작용이 이타성을 높인 것을 보여주는 연구결과도 있다.[23)27)] 캐나다 맥마스터 대학 연구팀은 14개월 된 아기와 연구자를 1:1로 짝지어 다음과 같은 실험을 하였다.

한 집단은 음악에 맞추어 아기를 흔들어주고 다른 집단은 음악에 맞추지 않고 흔들어 주는 실험을 하였다. 그리고 옆에서 일부러 펜을 떨어뜨리고 관찰하였는데 음악에 맞춰 상호작용하였던 아기들이 맞추지 않았던 아기들보다 펜을 주워준 비율이 더 높았다.

상호작용의 경험뿐 아니라 보고 듣는 것만으로도 이타성은 학습된다고 한다. 일본의 지하철 선로에 떨어진 사람을 구하고 사망한 이수현 사건 이후 일본에선 선로에 떨어진 사람을 구하는 사례가 줄을 이었다고 한다.[28)]

이러한 연구 결과들은 이타성이 본성적으로 타고나는 것이면서도 학습에 영향을 받아 발달한다는 것을 보여준다. 이타적 사회를 만들기 위해서는 영유아기부터 상호작용 놀이나 활동 기회를 제공하고 이타적 사례를 학습시키는 것이 필요하다는 것을 알 수 있다.

1.4 이타적 행동의 한계: 동감 얻기와 허용 효과

이타적 행동에는 사회적 보상이 따르지만 이타적 행동이 항상 도덕적으로 옳은 것은 아닐 수 있다. 애덤 스미스(Adam Smith)는 '도덕감정론'에서 이타적 행위가 도덕적인 행위가 되려면 상식적인 사람들의 동감(sympathy)을 얻을 수 있어야 한다고 보았다.[29]

예를 들면 자신의 가족은 돌보지 않으면서 타인만 돌보는 이타적 행동을 하는 사람이 있다면 이 행위자의 감정을 이해관계가 없는 다른 사람이 역지사지(易地思之)로 생각해 보았을 때 같은 감정을 느끼지 못한다면 도덕적인 것으로 보기 어렵다는 것이다.

애담 스미스는 상식적인 사람이라면 당연히 느끼는 기준이 인간의 마음속에 있다고 보았고 이를 공평한 관찰자(impartial spectator)라 하였다. 그리고 이 공평한 관찰자의 동감을 얻을 수 있는 범위까지의 이타적 행위를 자혜(beneficience)라고 하였다.

이에 의하면 이타적인 행동이 사회에 도덕적으로 도움이 되려면 자기중심적인 행동이 아니라 상식적인 사람들의 기준에 비추어 동감을 얻을 수 있는 행동이어야 한다고 볼 수 있다.

어떤 이타적 행동이 동감을 얻더라도 이 행동을 지속시키는 것은 쉽지 않다. 착한 일이나 선행을 했을 때 이제 좋은 일을 했으니 나쁜 일을 해도 괜찮다는 생각을 하기 때문이다. 이를 허용효과(licensing effect)라 한다. 사람들은 착한 행동을 나쁜 행동에 대한 면죄부로 생각하려는 경향이 있

다는 것이다.[30)31)]

허용효과가 나타나는 이유는 사람들이 최소의 비용으로 최대의 이익을 얻으려고 한다는 교환이론으로 설명할 수 있다. 이 이론에 의하면 사람들은 잃는 것보다 얻는 것이 많을 때 도덕적 행동을 한다.

원하는 이득을 얻고 나면 더 이상 비용을 치르는 도덕적 행동은 하지 않는다는 것인데, 흑인을 관대하게 대한 것으로 좋은 평판을 얻은 사람이 더 이상 관대한 행동을 하지 않고 백인을 위한 정책에 찬성하는 것과 같다.[30)]

허용효과가 나타나지 않게 하려면 노력이 필요하다. 비용과 이득을 따져서 이타적인 행동을 하거나 한번 이타성을 발휘했다고 해서 이기적인 행동을 하지 않도록 경계하는 자기성찰이 이타적 행동을 지속적으로 할 때 요구된다고 볼 수 있다.

인간이 행복감을 느끼는 것은 만족한 상태에서만 느끼는 것이 아니다. 힘든 상황을 견디고 난 다음에도 행복해질 수 있다. 고통 속에서 분비되는 코르티솔이라는 호르몬은 뇌에서 행복물질인 도파민과 작용해 행복감을 만들어 낸다. 도파민은 기분을 일시적으로 좋게 할 수 있지만 행복을 지속시키려면 코르티솔이 필요하다.[16)]

대가 없이 시간과 노력의 비용을 계속해서 투입하는 자원봉사활동은 고통으로 여겨질 수 있다. 그러나 뇌과학적으로 보면 힘들고 고통스러운 행동에서도 보람과 만족감을 느낄 수 있다.

금전적 이득 없이도 행복한 이타적 사회를 만들려면 한계를 넘어 이해득실을 따지지 않고 자기중심적이 아닌 상식적인 기준을 갖고 이타적 행동을 하는 것이 필요하다고 볼 수 있다.

1.5 이타성 종류의 확장: 이기적 이타성

사람들은 자신이 이타적 행동을 할 때는 이익과 비용을 비교해서 선택하지만, 타인에 대해서는 이익을 염두에 두지 않고 순수하게 이타성을 발휘하길 기대한다. 이타적 행동 뒤에 숨겨진 의도와 목적을 의심하며 사회적 보상을 유보시키려는 경향이 있다.[32)33)]

이타성에는 순수한 이타성만이 있는 것이 아니다. 이기적 이타성도 있다. 이기적 이타성에도 두 가지 유형이 있는데, 이기적 목표를 추구하다가 이타적 일을 하는 기업가형 이타성과 이타적 일을 하면서 평판과 같은 개인적 이득을 기대하는 자선가형 이타성이 있다.[32)33)]

순수한 이타성에서 나온 행동만을 진실한 행동으로 가치롭게 여긴다면 기업가형이나 자선가형의 이타적 행동은 부끄러운 행동이 될 수 있다. 아주 소수의 순수한 이타성을 가진 자만이 이타적 행동을 인정받을 수 있어 사회적으로 자원봉사활동이나 선행을 위축시키게 된다.

그리고 순수한 이타성만을 고집하게 되면 사회적 기업이나 사회서비스와 같은 새로운 유형의 사업을 발전시키기 어렵다. 사회적 기업은 이타성에서 시작해서 이기적으로 이윤을 창출해가는 기업 유형이고, 사회서비스는 이윤추구의 경제적 동기와 더불어 이타주의의 사회적 동기도 추구하는 사업이다.[34)]

슈퍼자본주의 사회에서는 이익을 중시한다. 기업가형 이타성이나 자선가형 이타성을 가진 사람이 되는 것도 쉽지 않다. 순수한 이타성을 가졌다 하더라도 허용효과로 인해 항상 이타적으로 행동하기 어렵다.

이타적인 사회를 지향한다면 순수한 이타적 행동만 기대할 것이 아니라 이기적 동기나 결과를 갖는 이타적 행동도 인정하는 사고의 확장과 개방성이 요구된다고 볼 수 있다.

1.6 이타적 사회를 구현하는 방법

인간은 집단의 생존을 위해 이타성을 추구하며 권장해 왔다. 인류가 사회질서를 유지하며 협력을 유도하는 학습 도구로 오랫동안 사용해 온 것이 종교였다.[35] 종교 교리에서 서로 돕는 공동체를 만들기 위해 이타성을 추구하며 교화시켜 온 인간의 역사를 찾아볼 수 있다.

B.C. 5세기경 석가모니의 깨달음에서 시작되어 동양의 사회시스템을 만드는 데 영향을 미친 불교에서는 끊임없이 변하는 업보의 인과관계가 삶을 괴롭게 만든다고 보고 이 고통에서 벗어나는 방법으로 두 가지를 제시하였다.

마음을 수련하여 일체의 괴로움이 사라진 열반에 이르거나, 세상의 모든 것이 공(空)하다는 것을 깨달아 타인에 대해 무한한 자비심을 가지면 고통의 윤회에서 벗어날 수 있다고 하였다. 자신과 다른 사람 모두를 이롭게 하는 자리이타(自利利他)의 이타심이 삶의 괴로움에서 벗어나는 방법으로 권장되었다.[36)37)38]

한편 서양에서는 1세기경 예수와 그의 사도에 의해 전파된 기독교가 서로 사랑하는 공동체문화를 형성하는 데 영향을 미쳤다. 교리에서는 세상을 창조한 유일신 하나님의 본질은 사랑이며 하나님이 인간을 사랑하는 것처럼 이웃을 네 몸과 같이 사랑하라고 가르쳤다.[39)40]

이웃 중에서도 특별히 힘없고 가난한 자에 대한 사랑을 강조하였는데 착한 사마리아인처럼 강도를 만나 죽어가는 사람을 외면하지 말고(누가 10: 25-37), 형제 중 지극히 작은 자에게 사랑을 베풀며(마태25:40). 원수를 사랑하라고 하였다(마태, 5:44).[41] 기독교에서는 조건 없이 베푸는 이웃사랑으로 이타적 행동을 권유하였다.

동양이나 서양에서나 오랫동안 종교를 통해 이타적인 본성을 교화 학습시키며 사회질서를 만들고 유지해 왔다고 볼 수 있다. 오늘날에는 시민활동을 통해 자원봉사활동에 참여하게 함으로써 이타적인 사회를 만들려고 노력하고 있다. 자원봉사활동은 종교와 더불어 이타적 사회를 구현하는 중요한 도구가 되고 있다고 볼 수 있다.

탐구 및 토의주제

- 개인의 생존에는 이기적·이타적 행동 중 어떤 행동이 유리한지 토의해 보십시오.
- 자신이 경험한 허용효과의 사례에 대해 생각해 보십시오.
- 이기적 이타성의 사례를 조사하고 이에 대해 평가해 보십시오.

CHAPTER 2

자원봉사활동의 개념 및 유사한 활동

이 장에서는 자원봉사활동 정의에 나타나는 대가와 자발성, 공익성의 개념에 대한 논점을 살펴보고 슈퍼자본주의 사회에서 이타성을 높이기 위해 자원봉사활동의 개념에는 어떤 변화가 나타나고 있는지 미국의 사례를 통해 알아본다. 자원봉사활동과 유사한 선행, 자선 및 기부, 상부상조 활동의 특성에 대해서도 학습한다.

CONTENTS

2.1 자원봉사활동의 개념과 논점

1) 자원봉사활동의 정의와 대가의 개념: 소요 비용

자원봉사활동은 자발적으로 이타성을 발휘하는 활동으로 사회에서 권장되는 활동이다. 나이, 성별, 장애, 지역, 학력 등의 배경에 관계없이 누구든지 강요받지 않고 참여할 수 있으며 국가와 지방자치단체가 이를 지원한다.

2005년 제정된 '자원봉사활동 기본법(이하 자원봉사법)'에서 자원봉사활동이란 "개인 또는 단체가 지역사회·국가 및 인류사회를 위하여 대가 없이 자발적으로 시간과 노력을 제공하는 행위"라고 정의하였다.[1)]

자본주의 사회의 사람들은 금전을 최고의 가치로 여기며 삶의 질을 높이는 수단으로 중요하게 생각한다. 이런 금전만능주의 사회에서 자원봉사자들은 시민으로서 대가 없이 자원봉사활동을 하며 금전 대신 보람과 기쁨을 보상으로 받기도 한다.

그러나 자본주의가 더 강력해지는 슈퍼자본주의 사회에서 현대인은 '시민'으로서의 정체성에서 벗어나 '소비자와 투자자'로 변하고 있다.[2)] 사회적인 동물보다 경제적인 동물로 행동하는 특성이 강해지고 있어 수익 없이 이타적 행동에서 얻는 보람과 기쁨만으로 자원봉사활동에 참여하게 하는 것은 어려운 일이 되고 있다.

자원봉사활동을 진작시키기 위한 방법으로 마일리지를 쌓아 화폐처럼 사용할 수 있게 하거나 실적을 포인트로 적립하여 본인, 가족 또는 제3자가 돌봄 활동으로 돌려받을 수 있게 하는 '사회공헌활동 기부은행'이 실시되고 있다.

자원봉사 수요시설·기관에서는 여건에 따라 식사쿠폰이나 교통카드,

교통비 등의 보상을 제공하기도 한다. 근로에 대한 보수 성격의 급여가 아닌 소요 비용으로 지급하기도 하는데 소요 비용이 대가에 포함되는가에 대해서는 법 해석에 차이를 보이기도 한다.[3][4]

'자원봉사법'과 달리 1997년 제정된 미국의 '연방자원봉사법(Volunteer Protection Act)'에서는 소요 비용은 대가에 포함되지 않는다고 명백히 규정하여 자원봉사활동을 활성화시키고 있다.

자원봉사자를 정의함에 있어 "실제 발생한 비용에 대한 보상이나 수당을 제외하고 보수를 받지 않고 서비스를 수행한 자"라고 하여 소요 비용을 받을 수 있도록 하였다.[5]

자원봉사활동은 무보수의 활동이 아니라 최소한의 시장가 이하로 재화와 서비스를 생산하는 활동이라 정의하기도 하는데,[6] 이러한 관점에서 '연방자원봉사법'에서는 "1년에 500달러 이상의 보상을 받지 않고 봉사하는 이사, 임원, 신탁관리자, 직접적인 서비스 제공자"도 자원봉사자에 포함시켰다.

일정 수준 이하의 보상을 받는 자를 자원봉사자로 인정함으로써 비영리단체나 정부의 업무를 지원하는 자원봉사활동을 촉진시키고자 하였다.[5] 그러나 비영리단체의 근로자와 자원봉사자의 경계가 불명확해지며 종사상 지위가 같아지는 문제가 있었다.

근로자와 비근로자의 지위를 명확히 하기 위해 미국 노동청(Department of Labor)에서는 자원봉사자를 정의함에 있어 '대가'라는 포괄적인 용어 대신 '보수'라는 용어를 사용하였다. 그리고 다음과 같이 일의 목적을 명시하였다.

"자신의 서비스에 대해 보수를 보장받거나 기대하지 않으며 영수증을 주고받지 않고 시민정신, 자선, 인도주의를 위해 서비스 시간을 제공한 자를 자원봉사자라고 정의한다."[7]

미국의 자원봉사자는 자원봉사활동에 소요 비용과 일정 수준의 보상을 지급받을 수 있는 한편 '케네디의원 자원봉사법(Edward M. Kennedy Serve America Act, 2009)'에 따라 자원봉사활동을 유급휴가로 인정받기도 한다.[8)]

이 법에서는 자원봉사활동에 참여한 학생에게 월 최소 125불, 최대 150불의 격려금도 지급할 수 있게 하여 학비 문제를 해결할 수 있게 하였다.[8)9)] 경제적 보상으로 기업의 근로조건을 개선할 뿐 아니라 교육·고용의 문제도 해결하는 것을 볼 수 있다.

우리나라에서도 법에 의한 것은 아니나 근로자의 자원봉사활동 시간을 유급으로 인정해 주기도 한다. 여건에 따라 연간 5일에서 1주일 또는 1개월 정도 자원봉사활동에 유급휴가를 주는 기업도 있다.[10)]

자원봉사활동을 고용과 연계하기도 한다. 고용노동부에서는 2022년에 60세 이상 노인과 장애인에게 자원봉사활동을 구직활동의 근거로 삼아 실업급여를 제공하는 제도를 운영하였다.[11)]

최소한의 보상 또는 소요 비용을 자원봉사자에게 지급하는 경우 적합한 임금 지급이나 직원 채용을 회피하고 저렴한 자원봉사자를 이용하는 문제가 나타날 수 있다. 또는 아무런 대가를 바라지 않는 자원봉사자가 감소하는 문제도 나타날 수 있다. 근로자와의 경계도 불분명해져 자원봉사자가 근로자성을 인정받고 노동권을 보장받으려는 법적 문제가 발생하기도 한다.[12)13)]

이런 문제에도 불구하고 자원봉사활동에 일정 금액을 지급하면서 특수형태의 근로와 결합하여 일자리를 창출하거나 소득격차와 불평등을 해소하는 방법으로 활용이 다양해지고 있다.

금전적 수익을 중시하는 슈퍼자본주의 사회에서 이타적 헌신을 강조하는 것만으로 자원봉사활동을 진작시키는 것이 어려워지고 있다. 사회변화에 맞추어 자원봉사활동의 대가에 대한 해석과 개념도 달라져야 한다고 볼 수 있다.

2) 자원봉사활동의 자발성 개념: 봉사학습

자원봉사자(volunteer)의 볼룬티어(volunteer)는 라틴어 voluntas에서 나온 말로 자유의지(will)라는 뜻을 갖는다.[14)15)] 자원봉사활동은 다른 활동과 달리 자유의지로 하는 활동이라는 것이 강조된다. '자원봉사법'에 자원봉사활동은 자발성의 원칙 아래 수행될 수 있도록 하여야 한다고 규정하고 있다.

봉사활동의 성격을 지니면서 자발성에 바탕을 두지 않는 활동도 있다. 형사정책제도의 '사회봉사'명령은 경미한 범죄, 청소년 범죄, 벌금 미납자 등을 처벌함에 있어 봉사활동을 이용한다.[16)17)18)]

범죄인을 수용하지 않고 일정 시간 사회봉사를 하게 해서 개선시키려는 제도로 공익을 실현하지만 처벌이 목적이고 법적인 강제성을 갖고 있어 자원봉사활동으로 보기 어렵다.

학교에서 교육과정을 통해 진행하는 자원봉사활동도 의무적으로 시행된다. 자원봉사활동의 기초를 학습시키려는 목적에서 행해지는 자원봉사활동을 '봉사학습'이라 한다.

1995년부터 학교생활기록부에 기재해 오고 있는데[19)20)] '자원봉사법에'서는 "학교는 학생의 자원봉사활동을 권장하고 지도·관리하기 위하여 노력한다"고 규정하고 있다.

학생들은 봉사학습을 하면서 지역사회에 대한 이해와 관심을 높이며 사회참여를 체험해보고 사회인이 되는 준비를 한다.[20)21)] 진학이나 자격취득, 취업에 자원봉사활동 경력이 필수적인 요건이 되는 경우 자발성이

희석되기도 하지만, 봉사학습을 바탕으로 자원봉사활동에 대한 의식이 배양되므로 봉사학습에서 자발성은 유예되었다고 볼 수 있을 것이다.

3) 자원봉사활동의 공익성 개념: 사적 활동과 비공식적 활동

'자원봉사법'에서 자원봉사활동은 "개인 또는 단체가 지역사회와 국가·인류를 위한 활동"이라고 규정하고 있다. 지역사회의 문제를 해결하여 주민의 삶의 질을 높여 행복한 공동체 건설에 기여함을 목적으로 할 때 자원봉사활동이라 한다.

자원봉사활동의 결과가 항상 사회에 유익하게 나타나는 것은 아니다. 자원봉사자의 열정 페이가 이용당할 수 있다. 임금노동자의 일을 자원봉사활동으로 대체하여 실업의 위협이 발생할 수 있고 전문인을 고용하는 대신 자원봉사자를 이용해 고용률을 저하시킬 수 있다.[22][23]

자원봉사자를 활용한 인건비 절감은 복지비용 부담을 감소시켜 더 좋은 질의 복지서비스를 제공하기 위한 것이어야 한다. 주민의 복지 향상에 자원봉사활동이 활용되었다는 믿음이 자원봉사자에게 인지될 때 자원봉사자는 무보수 노동에 보람과 자부심을 가질 수 있을 것이다.

자원봉사활동은 지역사회와 국가·인류를 위한 활동으로 정의되므로 가족을 위한 사(私)적인 활동은 제외된다. 국제노동기구 ILO에서는 가족·친지를 위한 사적인 활동과의 경계를 명확히 하여 자원봉사를 "공익적 이슈의 해결 또는 가족·친지가 아닌 다른 이를 위해 하는 활동 또는 일"이라고 정의한다.[24][25]

가족의 돌봄 기능이 약화되고 가족해체가 증가함에 따라 사적(私的) 영역의 가족의 범주가 달라지고 있다. 혈연에 의하지 않은 친구 등 비공식적인 돌봄 제공자도 미국에서는 혈연이나 법률에 의한 가족과 더불어 '돌봄

가족'으로 정의되며 '돌봄 가족지원법'으로 지원받는다.[26)27)]

이처럼 친구를 돌봄 가족으로 인정할 경우 자원봉사활동을 정의함에 있어 가족·친지를 위해 한 활동을 제외한다고 명시하지 않으면, 친구의 돌봄 활동은 자원봉사활동도 되고 가족을 위한 활동도 되는 문제가 발생할 수 있다. 가족의 개념이 변하고 있어 자원봉사활동을 정의할 때 가족을 위한 활동에 대해서도 명시하는 것이 요구된다.

한편 공적(公的) 영역에서 이루어지는 자원봉사활동에는 두 가지 종류가 있다. 공식적으로 자원봉사센터나 자원봉사 인증관리시스템 등 관련 기관에 등록하여 수행하는 자원봉사활동이 있고 개인이 비공식적으로 행하는 자원봉사활동이 있다.

지역사회에 재난이 발생했을 때 급박한 상황에서 행해지는 구호활동은 비공식적으로 참여하는 사람들에 의해 이루어지는 경우가 적지 않다.[28)] 이웃 간의 일상적인 돌봄은 비공식적으로 이루어지기도 한다. 온라인의 네트워크가 발달하면서 이를 통해 개별적으로 사회문제를 찾아 해결을 돕는 비공식적인 자원봉사활동도 나타나고 있다.

이러한 비공식적 자원봉사활동은 실질적으로 사회문제 해결에 도움을 주면서도 자원봉사활동으로 인증받기 어렵다. 공식적 자원봉사활동에 주어지는 실적과 경력 인정, 보험, 소요 비용의 지원 등의 혜택에서 제외될 경우 비공식적인 자원봉사활동이 위축될 수 있다.

국제노동기구 ILO에서는 비공식적 자원봉사의 중요성을 인식하여 비공식적 자원봉사도 국제표준코드로 분류해서 자원봉사 통계에 포함할 것을 제안하였다. 영국에서는 친척을 제외한 타인을 위한 비공식적 자원봉사도 전국적인 실태에 포함시켜 조사하고 있다.[24)]

통계뿐 아니라 혜택 면에서도 공식적인 자원봉사활동과 동등하게 인정해 주는 방법이 모색될 때 비공식적 자원봉사활동이 활성화될 수 있을 것이다.

2.2 자원봉사활동과 유사한 활동

1) 선행

자원봉사활동과 유사한 용어에 선행(善行)이란 말이 있다. 선행 즉 착한 행동의 '착하다'는 사전적으로 "언행이나 마음씨가 곱고 바르며 상냥하다", "어른의 말이나 사회규범·도덕에 어긋남이 없이 옳고 바르다"라는 뜻을 갖는다.[29)30)] 일반적으로 바른 마음으로 환경에 순응해서 도덕적인 행동을 하는 것을 선행이라 한다.

우리 전통문화에서는 예로부터 선행이 강조되었다. 착한 행동을 한 대표적인 인물로 흥부를 들 수 있다. 흥부전이 판소리로 서민들에게 보급되었고 서민의 생활을 반영하였다고 볼 때 선행은 전통사회에서 보편적으로 요구되던 행동이었다고 볼 수 있다.

고전소설 '흥부전'을 보면 흥부는 다리가 부러진 제비의 다리를 매어주고 제비가 보답으로 준 금은보화가 나오는 박 씨를 심어 큰 부자가 된다. 형인 놀부는 이 소식을 듣고 일부러 제비 다리를 부러뜨려 제비가 준 박 씨를 심지만 박에 들어 있던 도깨비들로 인해 벌을 받는다. 흥부는 놀부에게 재물을 나누어 주고 놀부는 뉘우치고 착한 사람이 된다.[31)]

이 소설에서 착한 행동은 다른 사람이나 동물에게 해를 끼치지 않고 생명유지를 도우며 형제와 우애 좋게 지내는 것으로 표현된다. 전통문화에서 강조되었던 선행은 자연순응적인 심성을 갖고 가족주의적인 규범에 맞게 행동하는 것이었다.

오늘날의 자원봉사활동이 공익을 목적으로 자유의지를 갖고 적극적으로 활동하는 것과 다르다. 그러나 빈곤해진 형을 돌보는 것처럼 약자를 돕는 행동을 한 점에서는 유사성을 갖는다.

선행의 바탕이 되는 선(善)한 마음은 어떻게 형성되는가? 이에 대해서는 타고난 본성이라고 보거나 자유의지로 선택한 것이라 보는 견해, 사회환경에 의해 결정된 것, 적절한 욕구 충족에서 나온 결과라고 하는 등 여러 가지 견해가 있다.

동양의 철학자 공자는 인간은 착한 본성을 갖고 있다고 보았다. 마음의 바탕에는 인의예지(仁義禮智)가 있어 다른 사람을 어질게 대하고 옳은 것을 추구하며 공손하게 행동하고 규범에 따라 행동하는데 이렇게 본성을 발현하는 것을 선(善)이라 하였다.[30)32)]

서양 문화의 뿌리가 되는 기독교에서도 선(善)은 타고난 본성으로 간주한다. "하나님이 지으신 것은 모든 것이 선하다(디모데전서 4:4)"고 하였다. 그러나 인간이 '선하신 하나님(시편 86:5)'의 말씀을 거역하여 악해졌으므로 선행을 행하라고 권장한다. 강도를 만난 자를 방치하지 않고 도와준 사람을 착한 사마리아인이라 하며(누가 10:30-37), '착한' 사람이 될 것을 강조한다.[33)]

철학자 안네마리 피퍼(Anne Marie Pfeiffer, 2002)는 인간은 역사적으로 악보다는 선을 더 선택해 왔다고 말한다.[34)] 자유의지에 따라 선과 악 중에서 선을 선택해 나온 결과가 선(善)한 행동이라고 보았다.

사회학에서는 선(善)은 환경에 의해 만들어진다고 설명한다. 스티븐 핑거(Steven Pinker, 2014)는 악한 행위를 규제하고 범죄자를 처벌하는 국가의 등장과 이를 알리는 문자의 발명이 인간을 선한 존재로 만들었다고 주장한다.[35)]

열악한 생활환경이나 범죄집단과의 접촉에서 악이 행해진다고 말한 라인하르트 할러(Reinhart Haller, 2021)에 의하면 선한 행동은 법적 규제와 더불어 범죄를 유발하지 않는 환경조건이 갖추어질 때 나타난다고 볼 수 있다.[36)]

한편 심리학에서는 선(善)과 악은 욕구 충족의 결과로 나타난다고 말한다. 정신분석학자 프로이트(Freud)는 아버지를 살해하고 어머니를 아내로 삼으려는 것과 같은 억압된 욕구가 무분별하게 충족될 때 악이 행해진다고 주장하였다.

선행의 결과에 대해서는 유익하다고 보는 것이 일반적이다.[34)37)] 생명체의 생존유지활동을 돕고 약자를 돌보는 긍정적인 결과가 생긴다. 그러나 온정적 간섭을 일으키는 문제가 따르기도 한다.

한 예로 도움을 받지 않으면 생명이 위험에 처할 것이 분명한 사람이 도움을 거부할 때, 부모가 자식의 행복을 위해 좋은 것을 강요하는 것처럼 선행을 베풀 경우 상대방을 강제하는 결과가 나타날 수 있다.[38)39)]

온정적 간섭으로 인한 갈등을 줄이려면 무엇이 상대방에게 도움이 되는지를 판단하는 윤리적 근거가 있어야 한다. 선행을 베풀어 구제할 것인지 자율적 의사를 존중할 것인지 판단이 필요하다.

자원봉사활동은 아무리 선한 활동이라도 자유의지로 할 수도 있고 하지 않을 수도 있다. 하지 않았다고 해서 처벌을 받지 않는다. 그러나 착한 사마리아인 법이 있는 국가에서는 선행을 도덕적인 의무로 강제한다.[40)] 선행은 자원봉사활동보다 더 당위적인 의미를 갖는다고 볼 수 있다.

2) 자선 및 기부

자선이란 사전적으로는 남을 불쌍히 여겨 도와준다는 것을 의미한다. 기부는 자선사업이나 공공사업을 돕기 위해 돈이나 물건을 대가 없이 내놓는 것으로 '기부금품의 모집 및 사용에 관한 법률(이하 기부금품법)'에서 기부금품은 반대급부 없이 취득하는 금전이나 물품이라고 정의한다.[41)42)43)]

이 법에서 기부금품은 불우이웃돕기 등 자선사업이나 복지 증진 등 공익 목적의 사업을 위해 모집할 수 있다고 하여 자선을 기부 목적 중의 하나로 보고 있다. 기부는 자선보다 더 포괄적 의미를 갖는다고 볼 수 있다.

기부는 자신의 의지에 따라 대가 없이 제공한다는 점에서 자원봉사활동과 유사하다. "기부금품법"에서 기부금품은 반대급부 없이 제공받고 모집자는 기부를 강요해서는 안된다고 규정하고 있다. 자원봉사활동과 다른 점은 자원봉사활동이 나눔을 주고받는 상호적인 활동인 데 비해 기부는 일방적으로 베푸는 행위라는 면에서 다르다고 본다.[44]

20세기 이전 서양에서는 국가가 개입하지 않는 영역의 빈곤문제는 종교단체나 독지가에 의한 자선으로 해결하였다. 우리 문화에서는 빈곤에 순응하며 가족 간에 욕심을 부리지 않는 선행이 강조되었던 것과 달리 서양사회에서는 자신의 노력으로 축적한 부를 이웃에게 베푸는 자선이 강조되었다.

19세기 영국의 세계적인 작가 찰스 디킨스(Charles Dickens, 1812~1870)는 당시 사회의 빈곤상을 사실적으로 묘사하며 자선의 필요성을 소설 '크리스마스 캐럴'에서 다음과 같이 표현하였다.[45]

주인공 스크루지 영감은 회계사무실을 운영하는 사장으로 매우 열심히 일하지만 지독한 구두쇠였다. 크리스마스날 기부를 권하는 자들을 거부하는 등 매우 인색한 행동을 하고 집에 돌아와 잠이 드는데 죽은 동업자 친구 유령이 나타나 그의 과거와 현재, 그리고 사람들이 외면하는 미래를 보여준다. 유령은 서로 나누면서 행복을 누릴 것을 권하고 잠에서 깨어난 스크루지는 가난한 사람들에게 기부하며 기쁨을 느낀다.

20세기 들어 국가의 역할을 보완하려는 비영리 자선단체와 재단이 조직되고 기부가 제도화되면서 자선문화는 기부문화로 이어졌다.[46] 미국의 경우 1907년 최초로 러셀 세이지(Russel Sage)가 빈민주택구제사업을 수행하는 '러셀 세이지 재단'을 설립하여 기부를 하였다. 이 후 카네기재단(1911), 록펠러 재단(1913) 등의 자선재단이 세워졌다. 1917년에는 기부금 세금 공제제도가 마련되었다.

기부를 모집하고 이용하는 단체가 양적으로 팽창하는 과정에서 사회적인 문제도 발생하였다. 세제 혜택을 악용하거나 불투명하게 운영하는 단체가 나타나고, 시혜자와 수혜자 간의 우열적이고 일방적인 관계에 대한 비판이 제기되기도 하였다.[46)]

우리나라에서는 사회보장제도가 미흡하던 시기에 빈민구제와 이재민 구제에 필요한 재원은 불우이웃돕기 성금과 수재의연금으로 모금되었다. 그러나 조세적인 성격으로 모금되어 재산권이 침해당하고 모금액이 불투명하게 이용되며 유용되는 문제가 나타나 1951년 '기부금품 모집금지법'이 제정되었다.

1996년 '기부금품 모집규제법'으로 금지가 약화되었다가 1997년 IMF 경제위기 이후에는 중산층의 빈곤화로 사회안전망을 강화할 필요성이 높아지자 모금이 장려되었다.[47)] 1998년 사회복지사업과 사회복지활동을 지원하는 재원을 마련하기 위해 '사회복지공동모금회법'이 제정되었고 2006년에는 성숙한 기부문화를 조성하려는 목적에서 '기부금품법'이 만들어졌다.

'사회복지공동모금회법'에 의거하여 설립된 사회복지공동모금회에서는 전문적으로 모금활동을 하고 모금액을 효율적으로 공정하게 배분·관리하며 나눔문화를 선도하고 있다. 지역사회의 복지문제를 자조적으로 해결하는 데 있어 기부와 모금을 통한 나눔문화 조성이 중요해지고 있다고 볼 수 있다.

3) 상부상조 활동

전통사회에서는 자원봉사활동이라는 용어는 사용하지 않았지만 자원봉사활동과 유사하게 대가를 바라지 않고 서로 돕는 상부상조 활동이 있었다. 대표적으로 두레와 향약을 들 수 있는데 두레는 공동노동을 위한 조직으로 노동하기 어려운 주민에게 무상으로 노동을 제공하였고, 향약은 취약계층을 돕는 상부상조의 자치 규약을 갖고 있었다.[48]

오늘날의 자원봉사활동과 다른 점은 두레는 마을 구성원이 모두 참여하는 강제적 성격이 있었다는 것이고, 향약은 양반계층이 향촌의 교화를 위해 만든 통치적 성격을 갖고 있었다는 것이다.

두레와 향약의 이러한 특성은 오늘날 자원봉사활동의 자발적 특성에 부합하기 어렵지만 서로 돕고 환란에 처하거나 대비하게 함으로써 공동체의 안녕과 복지에 기여하였다는 점에서 자원봉사 정신의 뿌리로 볼 수 있다.[49]

상부상조 정신은 국가가 전쟁 등으로 환난에 처했을 때 대가를 바라지 않으면서 생명과 재산을 내놓는 의병이나 민병대의 자발적인 구국활동에서도 찾아볼 수 있다.

자원봉사가 구국활동과 관련이 있다는 것은 볼룬티어(volunteer)가 군대 자원병을 나타내는 말로 사용되었던 것에서도 나타난다.[50][51] 옥스퍼드(Oxford) 사전에 의하면 볼룬티어(volunteer)는 보수를 받지 않고 일을 하는 자나 강요하지 않아도 무엇인가를 해주는 자 외에 강제에 의하지 않고 군대 입대를 선택하는 자로 정의되고 있다.[52]

자발적으로 목숨을 걸고 대가를 바라지 않고 구국운동을 펼치는 사람들이야말로 극단의 이타적 행동을 보여주는 자원봉사자라 볼 수 있을 것이다.

탐구 및 토의주제

- 자원봉사자에게 일정 금액의 수당을 지급하는 것에 대해 토의해 보십시오.
- 사회복지공동모금회의 모금 실태를 조사하고 활성화 방안을 토의해 보십시오.
- 가족을 위한 사적인 활동을 자원봉사로 인정해주는 것에 대해 토의해 보십시오.
- '흥부전'과 '크리스마스 캐럴'의 등장인물인 놀부와 스크루지를 비교해 보십시오.

	놀부	스크루지
부자가 된 방법		
부자로서의 문제점		
개과천선의 계기		
행동의 변화		

CHAPTER 3

자원봉사활동의 특성과 관련된 요인 및 기능

이 장에서는 자원봉사활동이 다른 활동과 구별되는 특성을 알아보고 이러한 특성을 증가시키는 요인과 감소시키는 요인에 대해 학습한다. 무보수성과 관련해서는 사회규범 및 시장규칙, 자발성에 대해서는 시간압박 가설과 사회통합가설, 공익성에 대해서는 공동의 선과 집단이기주의 요인에 대해 살펴본다. 그리고 자원봉사활동의 개인과 사회에 대한 기능도 학습한다.

CONTENTS

3.1 자원봉사활동의 특성과 관련된 요인

1) 무보수성: 사회규범과 시장규칙

자원봉사자는 지역사회와 국가, 인류사회를 위하여 금전이 아닌 보람과 자기실현 등 비금전적 동기에서 이타주의(altruism)를 실현하며 활동한다.[1)] 금전만능주의 사회에서 일한 만큼 보수를 받지 않고 대가없이 시간과 노력을 들이는 것은 비상식적인 행동으로 보일 수 있다.

이런 비상식적인 행동이 가능한 이유에 대해 행동경제학자 댄 애리얼리(Dan Ariely, 2018)는 인간은 항상 보수를 받는 '시장규칙'을 따라 행동하지 않고 때로는 보수를 받지 않는 '사회규범'에 따라 행동하기 때문이라고 설명한다.[2)]

댄 애리얼리(Dan Ariely, 2018)는 사람들의 보수에 대한 반응을 연구하기 위해 다음과 같은 조사를 하였다. 변호사들에게 가난한 자를 위해 저렴한 비용 또는 무료로 법률서비스를 제공해 줄 수 있는지를 물었다. 변호사들은 저렴한 비용을 받는 것은 거부하였지만 무료로 제공하는 것은 거부하지 않았다.

사람들은 대부분 자신이 한 일에 대해 더 많은 돈을 받으려는 시장규칙의 기준을 갖고 행동한다. 그러나 어려움에 처한 이웃을 돕는 것처럼 대가를 바라지 않는 행동을 하기도 한다. 이런 행동을 댄 애리얼리(Dan Ariely, 2018)는 사회규범 기준을 따르는 행동이라 하였다.

시장규칙에 따라 활동하면 보수를 받아 필요한 재화와 서비스를 구매해서 행복해질 수 있다. 사회규범에 따라 행동할 경우에는 보수를 받지 못하지만 보람으로 더 행복해질 수 있다. 변호사들이 무료의 활동을 선택하고 무보수의 자원봉사활동을 하는 이유는 가치있는 일을 해서 보람을 얻기 때문이다.

자원봉사활동을 할 때 사람들은 보람을 느끼는 일을 할 것인지 아니면 그 시간에 보수를 받는 일을 해서 구매력을 높일 것인지 고민한다. 시장규칙보다 사회규범을 따르는 행동에서 더 많은 만족감을 경험한 사람은 자원봉사활동에 더 적극 참여한다고 볼 수 있다.

2) 자발성: 시간압박 가설과 사회통합 가설

자원봉사활동에 참여할 것인지는 개인의 자발적인 의지에 달려있다. 자유의지로 참여하는 인구 집단과 의무적으로 참여하는 학령인구 집단의 자원봉사 참여율을 비교해보면 학령인구 집단의 참여율이 높게 나타난다.[3)]

자신의 자유의지로 자원봉사활동에 참여할 수 있는 비학령인구 집단에서 참여율이 낮은 것은 자발성 발휘를 제약하는 요인이 있기 때문으로 볼 수 있다.

'시간압박 가설'에 의하면 사람들이 자원봉사활동을 하지 못하는 이유는 시간부족 때문이라고 한다.[4)] 경제활동을 하는 사람들이 비취업자보다 자원봉사활동 참여가 적은 것을 설명해 준다. 자원봉사활동 실태조사에서 자원봉사활동에 참여하지 않는 이유를 "너무 바빠서"라고 응답하는 결과와 일치하는 가설이다.[5)]

그러나 '사회통합 가설'에서는 사회적으로 활발하게 활동하는 사람들이 더 자원봉사활동에 열심히 참여한다고 주장한다. 사회적으로 밀착된 관계 속에서 참여 압력이나 요청, 자원봉사 정보에 더 많이 노출될수록 시간을 쪼개서 자원봉사활동에 더 잘 참여한다는 것이다.

취업자의 자원봉사 참여율이 미취업자의 자원봉사 참여율보다 현저하

게 높게 나타난 김태연과 김욱진(2016)의 연구 결과가 이러한 가설을 지지한다.[4)]

자원봉사활동을 하려는 자발적 의지는 비학령인구 집단에서 여유시간이 많을 때 더 잘 발휘될 것으로 기대되지만 자발성은 시간 자원뿐 아니라 사회의 일원으로 기여하려는 책임감에 의해서도 영향을 받는다고 볼 수 있다.

자원봉사활동 참여를 유도하기 위해서는 시간제약을 감소시킬 수 있도록 활동시간을 근로시간으로 인정해 주는 등의 제도를 마련하는 한편 자원봉사활동으로 사회에 기여할 것을 권장하는 홍보도 지속적으로 해나가는 것이 필요하다고 볼 수 있다.

3) 공익성: 공동의 선과 집단이기주의

자원봉사활동은 공익을 목표로 하므로 개인의 이익을 추구하는 경쟁적인 자본주의 사회에서는 관심의 대상이 되지 못할 수 있다. 누군가의 이익이 다른 사람에게는 손해로 여겨지는 사람에게 타인을 위한 자원봉사활동은 희생이나 손해로 보이기 쉽다.

그러나 더불어 사는 사회에서는 '죄수의 딜레마' 게임이론에 의하면 공익을 추구하는 행동 즉 공동의 선(善)을 이루면 개인의 이익은 작아지는 것이 아니라 더 커지는 것으로 나타난다.[6)] 한 집단의 구성원은 서로 경쟁하지 않고 협력해서 공동체의 이익뿐 아니라 개인의 이익도 크게 만들 수 있다.

이 이론의 실제적인 결과는 'Mr. 버돗의 선물(Ted Gup, 2010)'에 잘 나타난다. Mr. 버돗은 1930년대 대공황기에 실업으로 절망하고 있는 사람들에게 따뜻한 크리스마스를 보낼 수 있도록 5달러를 익명으로 보내준 사람이었다. 이웃과 적은 돈이지만 나누어 가짐으로써 Mr. 버돗과 이웃이 행복해졌다는 것을 보여준다.[7] 대공황기가 살기 힘든 시대였지만 미국인들은 서로 돕는 이웃이 있어 좋았던 때로 기억한다고 한다.[8]

공동의 선은 위의 사례에서처럼 많은 사람에게 수익을 증가시키는 것으로 이룰 수도 있지만 다음의 우화에서 보듯이 구성원의 수익을 감소시키는 방법으로 이루어지기도 한다.

"김서방은 돈 석 냥이 든 주머니를 잃어버렸다. 박서방이 주워 돌려주었지만 김서방은 이미 잃어버렸으니 주운 사람의 것이라며 받지 않았다. 서로 갖지 않으려고 싸우다 이서방에게 해결을 요청하였다. 이서방은 자신의 돈 넉냥을 꺼내 두 사람에게 각각 두 냥씩 주고 주은 석 냥을 가져갔다. 김서방은 잃은 돈에서 한 냥, 박서방도 주은 돈에서 한 냥, 이서방도 자신의 돈에서 한 냥의 손해를 보고 해결하였다."[9]

이 우화에서 구성원은 모두 한 냥씩 손해를 입는 공동의 선을 이루지만 결국은 누구도 큰 실망과 원망을 갖지 않는 평화로운 이웃 관계를 만들어 공익을 증가시켰다고 볼 수 있다.

공익을 추구하는 것이 언제나 인간에게 행복을 가져오는 것은 아니다. 경쟁적으로 공익을 추구하는 경우 집단이기주의가 나타나 자신이 속한 집단의 이익을 위해 반인륜적인 테러나 폭력을 행사해서 무고한 사람을 희생시킬 수 있다.

자원봉사활동이 추구하는 공익은 인간존중의 정신에 바탕을 두고 인류에게 기여하는 것을 말한다. 경쟁적이고 집단이기주의적인 생각에서 벗어나 더불어 살려는 의지를 갖고 공동의 선을 이루는 자원봉사활동을 할 때 공익을 증가시킬 수 있다.

공동의 선은 자연스럽게 이루어지지 않는다. 구성원들이 서로 잘 되길 바라면서 신뢰하며 같은 목표를 이루기 위해 상호 협력하는 노력을 기울일 때 만들 수 있다. 그리고 Mr. 버돗이나 이서방처럼 모두에게 좋은 방안을 창의적으로 생각해 낼 수 있어야 한다.

자원봉사활동은 공동의 선을 증진시키거나 촉진시키는 활동이라고 정의하기도 한다.[10] 공동의 선을 이루는 자원봉사활동을 진작시키려면 협력적 태도와 창의적 사고를 배양하는 자원봉사 교육이 필요하다고 볼 수 있다.

4) 기타 자원봉사활동의 특성

자원봉사활동은 비정파성의 특성도 지닌다. '자원봉사법'에 의하면 자원봉사단체 및 자원봉사센터는 그 명의 또는 그 대표 명의로 특정 정당이나 특정인의 선거운동을 하여서는 안 된다.[11] 특정 정치인과 정당의 정치 권력 획득을 목적으로 하는 활동은 대가 없이 자발적으로 한 것이라도 자원봉사활동이 될 수 없다는 것이다.

자원봉사활동은 비영리성과 비종파성의 특성도 갖는다. 자원봉사활동을 하면서 이를 이용해 자신의 직업적 이익을 증가시키는 행위를 할 수 없다. 선교 활동의 일환으로 하는 활동도 자원봉사활동이라 하지 않는다.[12]

지속성이 자원봉사의 특성으로 제시되기도 한다.[1] 일회성이 아닌 일정 기간 동안 정기적, 주기적으로 하는 활동이어야 자원봉사활동으로 볼 수 있다는 것이다.

일회적인 자원봉사는 행사로 그칠 가능성이 높고 특히 아동의 애착 형성에 부정적 영향을 미칠 수 있다. 대상자와의 관계에 미치는 영향을 고려하고 체계적인 활동이 되기 위해서는 일회성은 지양되는 것이 바람직하다고 볼 수 있다.

3.2 자원봉사활동의 기능

기능주의 이론에 의하면 사회의 각 요소들은 상호의존하며 각 부분은 전체의 목표를 위해 안정과 통합을 이룬다.[13)14)] 자원봉사활동도 사회의 한 요소로서 지역사회의 여러 요소와 상호작용하며 복지와 삶의 질 향상이라는 목표를 이루기 위해 여러 가지 기능을 수행한다.

자원봉사활동의 기능에 대해 클레리 등(Clary et al., 1998)은 다음과 같은 기능이 있다고 제시하였다.[15)] 첫째, 이타주의와 휴머니즘 가치에 대한 믿음을 갖고 다른 사람의 복지에 관심을 갖게 하는 가치의 기능 둘째, 세상에 대한 지식을 확대시키고 자신의 기술을 사용할 수 있게 하는 이해의 기능 셋째, 직업과 경력개발에 도움을 주는 경력의 기능 넷째, 다른 사람과 상호작용하고 인정을 받을 수 있게 하는 사회적 기능 다섯째, 불안감이나 갈등, 부정적 감정을 해결하게 하는 보호의 기능 여섯째, 자기향상이나 자기 확신을 얻게 하는 향상의 기능이 있다.

자원봉사자들은 자신의 동기를 충족시켜주는 기능을 가진 자원봉사활동에 참여할 때 참여율이 높다고 한다.[16)] 자원봉사자가 중요하게 생각하는 동기에는 사회적 동기, 향상의 동기, 가치의 동기가 있다.[17)]

자원봉사자의 참여율을 높이려면 이러한 참여 동기를 파악하고 이를 충족시킬 수 있도록 자원봉사활동의 기능을 설계하고 개발하는 것이 필요하다.

자원봉사활동의 기능을 동기에 따라 향상 및 가치의 동기와 관련 있는 것은 개인적 기능으로, 사회적 동기와 관련 있는 것은 사회적 기능으로 보고 분류하면 다음과 같이 다양하게 나타난다.

1) 개인적 기능

자원봉사활동을 하면서 삶의 보람을 느낄 수 있고 자아실현의 욕구를 충족시킬 수 있다.

누군가와 함께하는 경험을 통해 일상의 무료함, 외로움, 우울감에서 벗어나 삶에 활력을 가질 수 있다.

자원봉사활동을 통해 새로운 경험과 지식을 쌓고 직업기술을 배우며, 일에 대한 편견을 극복하고 새로운 직업에 도전하며 일자리를 제공받을 수 있다.

자원봉사활동을 하면서 자신에게 맡겨진 역할을 수행하며 책임지는 능력과 문제해결력을 배양할 수 있고 과업을 완수하여 성취감을 느낄 수 있다.

대상자에게서 신뢰를 얻는 방법을 배울 수 있고 신뢰를 얻기 위해 갖추어야 할 성실성의 중요성을 알며 신뢰를 바탕으로 네트워크를 형성할 수 있다.

여가선용으로 시간을 가치 있게 보내고 사회적 기여를 한 것에 대해 보람을 느낄 수 있다.

2) 사회적 기능

자원봉사활동을 통해 여러 분야의 사람과 교제를 해 볼 수 있어 관계 맺기에 대한 두려움과 편견을 극복할 수 있고, 의사소통 기술과 관계 형성에 필요한 예절과 매너를 배울 수 있다.

자원봉사활동 대상자의 삶을 통해 인간을 이해하는 폭을 넓히고 고난을 극복하는 지혜를 배우며 존엄성을 이해하고 평등성과 공정성에 대한 개념을 정립할 수 있다.

팀 단위의 자원봉사활동을 해 봄으로써 인간관계의 갈등과 어려움을 경험하고 이를 해결하면서 협력의 중요성을 배우고 서비스 능력을 배양할 수 있다.

자원봉사활동에 참여하여 시민의 자질을 높일 수 있다. 자신의 권리를 행사하고 대상자의 권리를 존중하며 더불어 사는 의미와 방법을 배울 수 있다.

공동체 문제를 해결하는 일에 주도적으로 참여하여 공동체에 대한 이해를 높이고 공동체 의식을 높여 시민의 역량을 높일 수 있다.

사회구성원으로 인정받을 수 있으며 지역사회에 대한 주인 의식을 가질 수 있고 사회통합에 기여할 수 있다.

자원봉사활동으로 안전한 사회를 만들 수 있다. 서로 돕는 공동체를 만들어 약화되는 가족의 기능을 보완하고 개인화되는 삶의 불안감을 해소할 수 있다.

자원봉사활동을 통해 사회적 자본을 형성할 수 있다. 공동의 선으로 협력하는 사회를 만들고 주민의 복지 욕구를 충족시킬 수 있다.

탐구 및 토의주제

- 사회규범과 시장규칙 사이에서 갈등을 했던 경험을 기술해 보십시오.
- 자원봉사활동에 참여하는 자와 참여하지 않는 자의 차이를 조사해 보십시오.
- 'Mr. 버돗의 선물'을 읽고 공익을 위한 자원봉사활동을 계획해 보십시오.

CHAPTER 4
사회복지와 자원봉사활동

이 장에서는 복지국가가 변화하면서 자원봉사활동이 중요해지는 배경과 자원봉사 패러다임의 변화를 학습한다. 복지국가가 재구조화되는 과정에서 나타난 사회적 기업과 자원봉사활동의 관련성을 통해 자원봉사활동의 전망도 살펴본다.

CONTENTS

4.1 복지국가의 재구조화

1) 복지국가의 변화

복지국가가 태동하기 전 19세기 영국에서는 개인의 빈곤, 실업, 질병 등의 문제는 가족의 도움이나 자선에 의한 민간복지로 해결하였다. 개인의 경제활동을 최대한으로 보장하고 국가의 개입을 최소화하는 자유방임주의의 영향으로 이러한 문제들은 개인적인 결함의 문제라고 여겼다.[1)2)]

그러나 자유방임주의는 빈부격차를 야기하였을 뿐 아니라 1·2차 세계대전 중 정부가 시장에 개입하면서 지지를 잃기 시작하였다. 1930년대 대공황기에는 개인적인 문제를 사회구조적 문제라고 여기는 인식도 나타났다.

이러한 변화와 더불어 영국 국민들은 전쟁에 동원된 희생의 반대급부로 더 나은 삶을 보장받기를 원하였다. 이에 정부에서는 1942년 사회재건을 위해 복지국가의 청사진을 제시한 '요람에서 무덤까지'라 불리는 베버리지 보고서를 작성하였다.[3)4)]

이 보고서에서 제안한 것은 모든 국민을 사회복지의 대상으로 삼아 중앙정부가 복지비용을 부담하고 책임지는 것이었다. 보편적인 사회보장 체계를 제시한 이 보고서가 바탕이 되어 1945년 아동법, 가족수당법, 1946년 국민보험법이 제정되었고 1948년 국민보건서비스 시행 등의 복지정책이 수립되었다.

국민의 지지를 받으며 성장한 영국의 복지국가 이념은 세계 여러 나라의 복지정책에도 큰 영향을 미쳤다. 1958년 윌렌스키와 르보(Wilensky & Lebeaux)는 당시 복지국가 유형을 두 가지로 분류하였다.

국가의 개입 정도에 따라 국가가 전 국민의 보편적 복지를 보장하는 제도적 복지모델과 정부는 제한적으로 관여하는 잔여적 복지모델을 제시하

였다.[3)4)5)6)]

대표적인 제도적 복지국가였던 영국에서는 국민의 행복을 위해 국가가 독점적으로 복지서비스를 제공하였다. 경제에 대한 정부의 통제, 완전고용, 국민의 사회보장 수급권 인정이라는 거시적 원칙하에 국가의 권한이 행사되었다.[6)7)]

그러나 점차 이러한 원칙을 유지하기 어려운 문제점이 나타내기 시작하였다. 국유화를 포함한 경제통제로 기업의 발전이 위축되었고, 경제성장의 저하는 완전고용을 위협하였다.

복지수급권을 가진 국민의 국가 의존성도 커졌다. 국민소득 증가보다 복지비용 지출이 더 많아지고 국가의 책임 과잉은 가족의 가치와 연대 의식을 약화시켜 복지국가는 위기를 맞게 되었다.

1976년 오일쇼크와 재정적자로 IMF 지원까지 받게 된 영국 정부는 복지국가의 정책을 변화시켜야 했다. 복지급여를 삭감하고 민영화와 지역사회 보호 정책을 추진하며 시장과 민간 복지를 중시하는 복지개혁을 단행하였다.[1)3)4)]

복지국가의 비용 부담에 한계가 나타나면서 복지국가 유형에도 변화가 나타났다. 티머스(Titmuss, 1974)는 제도적·잔여적 두 가지 유형에 산업성취 모델을 추가하였다.

이 모델은 시장경제를 중시하는 모델로 복지제도를 경제에 종속된 것으로 보고 시장에서의 성취 정도에 따라 복지급여를 차등적으로 제공하는 유형이었다.[3)8)]

이후 복지국가의 유형은 더 다양해져서 에스핑-앤더슨(Esping-Andersen, 1990)은 노동의 탈상품화와 계층화 정도에 따라 복지국가 유형을 다음과 같이 세 가지로 분류하였다.

시장 및 민간의 역할을 극대화해서 탈 상품화 정도가 낮은 자유주의적

복지국가, 가족의 책임을 강조하며 국가가 부분적으로 개입하는 계층화 정도가 큰 조합주의적 복지국가, 국민이 낸 세금을 전 국민에게 재분배해서 탈상품화 정도가 크고 계층화 정도가 낮은 사회 민주주의적 복지국가가 제시되었다.[9)10)11)]

복지국가의 문제점은 경제가 위축될 때 복지비용 부담을 높이는 것이었다. 그리고 법률제정, 정책수립, 행정업무를 통해 제공되므로 긴급한 상황이나 다양한 욕구에 즉각적으로 개입하기 어려운 문제가 있었다.

1970년대에 복지국가 위기가 대두된 이후 이러한 문제를 해결하는 방편으로 복지다원주의(welfare pluralism)가 부각되었다. 복지다원주의자들은 정부가 독점적으로 복지서비스를 제공하는 책임과 역할을 시장, 가족, 지역사회, 자원부문 등 다양한 제공 주체들로 대체할 것을 주장하였다.[12)]

영국에서는 1980년대에 복지서비스 조직과 전달체계를 재편하는 데에 복지다원주의 시각을 적극 활용하였다. 지역사회에는 정부부문과 민간부분이 혼합된 NGO 등으로 구성된 '제3섹터(the third sector)'로 불리는 영역이 형성되었다.[12)13)14)15)]

정부는 지역사회에서 자조적으로 사회문제를 해결할 수 있도록 지방정부의 역할을 강화하고 시민과의 파트너십을 강조하며 제3섹터를 활성화시키고 민간의 자원봉사활동을 지원하였다.

2) 자원봉사활동 패러다임의 변화

우리나라에서 민간주도·정부지원의 자원봉사활동은 1990년대에 지방자치제도가 본격적으로 실시된 이후 2008년 국가기본계획이 수립되면서부터 활성화되기 시작하였다.

민간 영역에서는 자율적으로 국가를 대신하여 지역사회 문제를 해결하

는 한편 정부에서는 법과 제도 등의 인프라와 네트워크를 구축해 민간의 활동을 지원하였다.[16)17)]

민·관 협력의 자원봉사가 증가하고 제3섹터 영역의 자원봉사활동이 활발해짐에 따라 자원봉사활동의 패러다임도 달라졌다.[17)18)] 기존의 사회복지시설 중심이었던 자원봉사활동이 지역사회로 확대되었다. 활동가와 수혜자를 분리하여 일방적으로 행사차원에서 이루어지던 것에서 상호호혜적이며 일상화되는 방향으로 패러다임이 변화되었다.

민·관 협력이 증가하면서 국가와 지역사회의 역할도 변화되었다. 국가는 다양한 민간 자원을 이용해 맞춤서비스를 제공할 수 있어 복지에 대한 책임을 강화할 수 있었다.

지역사회 주민은 복지 수혜자와 소비자의 역할에서 복지서비스 공급자의 역할도 수행하는 자로 바뀌었다. 복지사각지대의 소외된 자와 긴급 지원이 필요한 자에게 즉각 개입하며 지역사회 문제를 해결하는 시민으로서의 역량도 증가시켰다.

이러한 변화 속에서 자원봉사자가 근로자와 유사한 일을 하고도 종사상 지위를 인정받지 못하거나 적정한 보상을 받지 못하는 문제가 나타나기도 하였다. 임금노동자의 직업을 대체하는 위협이 제기되기도 하였다.[19)20)]

그러나 교육, 고용 등 다양한 영역에서 정부의 사업과 연계·협력하며 자원봉사활동이 오히려 일자리를 창출하고 소득격차를 해소하는 데 활용되기도 하였다. 부정적인 문제도 나타나고 있지만 지역사회 문제해결에 자원봉사활동이 기여하는 범위가 확대되고 있다고 볼 수 있다.

4.2 사회적 기업과 자원봉사활동의 전망

경기침체로 정부의 지출이 축소되고 민·관 협력으로 복지정책의 위기를 극복하려던 1970년대에 유럽과 미국에서는 사회적 기업이 활성화되었다. 유럽에서는 정부와 민간이 주도하는 협동조합 유형의 사회적 경제가 활성화되었고, 미국에서는 복지예산 감축으로 비영리기관의 재정자립이 요구되며 수익 사업으로 사회적 기업이 활성화되기 시작하였다.[21)22)]

우리나라에서는 2000년대 들어 사회적 기업에 대한 논의가 본격화되었다. 고용 없는 성장과 복지수요 증가에 따른 문제를 해결하고자 2007년에 '사회적 기업 육성법'을 제정하여 사회적 기업을 지원하는 환경을 조성하였다.[23)]

이 법에 의하면 사회적 기업은 취약계층에게 사회서비스 또는 일자리를 제공하여 지역주민의 삶의 질을 높이는 등의 사회적 목적을 추구하면서 재화 및 서비스의 생산 판매 등 영업활동을 수행하는 기업으로 정의된다.[21)] 기존의 기업과 달리 재화·서비스를 생산·판매하지만 이윤보다 지속가능하고 살기 좋은 세상을 만드는 것을 목표로 한다.[23)24)]

최초의 사회적 기업가라고 불리는 아쇼카(Ashoka) 재단 창업자 빌 드레이튼(Bill Drayton)은 사회적 기업가를 변화를 창조하는 사람이라고 하였다.[25)] 기존의 시스템, 방식, 유형, 문화를 변화시켜 사회적 기업가는 세상을 바꾼다는 것이다.

일반 기업가가 이윤추구라는 이기심에서 출발하여 제품 생산과 일자리 제공, 세금납부로 사회에 공헌하는 데 반해 사회적 기업가는 사회적 가치 실현이라는 이타심에서 시작하여 부수적으로 이윤을 추구한다.[23)24)]

방글라데시의 무하마드 유누스(Muhammad Yunus)가 세계적인 사회적 기업 그라민 은행을 설립한 목적은 무담보로 소액 대출을 제공하여 빈곤

여성들을 자립시키는 것이었다.[26]

사회적 기업은 취약계층에게 공공서비스를 제공하거나 일자리를 제공하는 등 다양한 방식으로 운영될 수 있다. 인도의 베어풋칼리지에서는 빈곤한 사람들이 스스로 기술과 재능을 개발하게 한 후 전문가를 배양한다.[27] 영국의 글로벌 에식스는 가난한 이웃을 돕기 위해 생수를 판매하고 아프리카의 아동 영양 개선과 펌프 보급에 기부한다.[28] 인도의 아라빈드 안과에서는 빈민에게는 무상치료를 하면서 부자에게는 유상치료를 한다.[24]

사회적 기업가와 자원봉사자는 이타성을 실현하면서 사회공헌을 목표로 활동을 시작한다는 점에서 매우 유사하다.[29] 사회문제 해결과 삶의 질 향상을 목표로 자원봉사활동을 시작해서 이윤을 창출해 주민복지에 기여하는 사업으로 성장·발전시키면 사회적 기업이 될 수 있다.

이러한 가능성으로 볼 때 앞으로의 자원봉사활동은 이타성을 추구하는 다른 영역의 활동과 융합되어 새로운 유형의 활동을 창출하며 진화할 것으로 예상된다.

자원봉사활동을 사회복지 영역에서의 문제 해결을 위한 활동 이상의 새로운 시스템을 창조하는 역량을 기르는 활동으로 보는 시각도 필요하다고 볼 수 있다.

탐구 및 토의주제

- 정부와 시장, 지역사회가 연계해서 제공하는 복지서비스를 조사해 보십시오.
- 자원봉사활동이 사회적 기업으로 성장한 사례를 조사해 보십시오.
- 사회적 기업으로 육성할 수 있는 자원봉사활동을 계획해 보십시오.

CHAPTER 5

자원봉사 활동과 관련된 이론

이 장에서는 이타성을 고취시키고 자원봉사활동 참여를 촉진시키며 자원봉사 관리를 효과적으로 하는 데 유용한 이론에 대해 학습한다. '죄수의 딜레마' 게임이론, 넛지 이론, 교환이론, 기대이론, 욕구이론, 갈등이론, 네트워크이론의 내용과 자원봉사활동에 대한 함의를 살펴본다.

CONTENTS

5.1 '죄수의 딜레마' 게임이론

자원봉사자는 공익을 위해 이타성을 바탕으로 공동의 선(善)을 추구하는 활동을 한다. 자원봉사자와 대상자 간, 자원봉사자 동료 간, 자원봉사자와 관리자 간에는 경쟁이 아닌 공동의 선을 위한 협력이 요구된다.

협력의 효과에 대해서는 '백지장도 맞들면 낫다'는 말처럼 일을 분배해서 노동력을 절감시켜 주는 효과가 있는 것으로 알려져 있다. 그러나 오늘날은 인간의 노동력에 의존하는 시대가 아니므로 사람들은 노동력보다 개인의 이득에 더 관심을 갖는다. 협력으로 일이 감소하듯 이득도 감소하는 것으로 생각해서 협력을 망설일 수 있다.

그러나 다음의 '죄수의 딜레마' 게임이론에서 보듯이 경쟁하지 않아도 되는 관계에서는 협력함으로써 공동의 이득과 개인의 이득을 더 크게 만들 수 있다.

"A와 B는 범죄 용의자로 서로 격리되어 심문받는다. 자백할 것인지 자백하지 않을 것인지 선택해야 하는데, 둘 중 먼저 죄를 자백하는 사람은 즉시 풀려나지만 자백하지 않은 다른 사람은 10년을 복역하게 된다. 두 사람이 모두 자백하면 5년을 복역하고, 두 사람 모두 자백하지 않으면 6개월을 복역하게 된다."[1)2)]

이러한 상황에서 개인은 각자 자신의 이익을 최대화하기 위해 먼저 자백함으로써 즉시 석방되는 것을 선택한다. 그러나 결국 두 사람이 모두 자백하므로 5년을 복역하게 된다. 만약 이들이 공고하게 협력해서 둘 다 자백하지 않으면 6개월을 복역할 수 있다.

각자 개인적으로 판단하고 행동해서 얻는 이익보다 공고하게 협력하면 더 큰 이익을 얻을 수 있다는 것을 이 이론이 보여준다. 자원봉사활동에 참여해서 다른 사람과 공동의 선을 이루면 협력하지 않을 때보다 개인이 얻을 수 있는 이득은 더 커진다는 것을 보여주는 이론이라 할 수 있다.

인간은 이기적인 본성도 지니고 있으므로 공동의 선을 이루는 것은 쉽지 않다. 관계가 형성되는 초기에는 상대방을 잘 알지 못하므로 협력하는 것이 쉽지 않고 관계가 형성된 뒤에는 신뢰하지 못하거나 서로 경쟁적으로 되어 협조하기 어렵다.

오래도록 공동의 선을 이루며 협력관계를 만들고자 한다면 관계가 시작될 때 먼저 상대방에게 협력하고 이후에는 상대방이 협력하면 나도 협력하고 이기적으로 행동하면 나도 이기적으로 행동하는 TFT(Tit for Tat) 전략을 사용하는 것이 바람직하다.[3)4)]

이러한 TFT 전략을 성공적으로 사용하려면 다음과 같은 조건이 요구된다. 신뢰를 쌓을 수 있도록 상대방과 미래에 대한 비전을 공유하고 협력의 의지를 보여주며 경쟁하기보다 상대방이 잘되는 것을 지지해 주어야 한다.

이 이론은 협력으로 공동의 선을 이루는 자원봉사활동을 함으로써 공익뿐 아니라 개인의 이익도 증가시킬 수 있다는 것과 협력의 관계를 계속 유지하려면 어떤 노력이 필요한지를 알려준다.

자원봉사활동에 참여하려는 동기를 유발하고자 할 때 또는 자원봉사자 간이나 자원봉사자와 대상자 간, 연계기관 간에 협력을 도모하고 관리할 때 유용한 이론이라 볼 수 있다.[3)]

5.2 넛지 이론

자원봉사활동은 자유의지로 선택해서 하는 활동이므로 참여를 권유하거나 유도하는 것에 영향을 받을 수 있다. 자원봉사활동을 활성화시키기 위해서는 권유를 쉽게 수용하게 만들고 권장하는 것을 선택하게 하는 것이 필요하다. 이때 넛지 이론을 활용하면 효과적으로 의사결정에 영향을 미칠 수 있다.

넛지(nudge)란 팔꿈치로 슬쩍 찌르는 것처럼 강제하지 않고 약간의 개입만으로 바람직한 선택을 하도록 타인에게 영향을 미치는 것을 말한다.[5)]

전통경제학에서는 인간을 합리적 존재로 보므로 각자는 이성에 따라 가장 좋은 선택을 할 수 있다고 간주하였다. 그러나 행동경제학에서는 인간은 직관적 심리 요인에 따라 의사결정을 하는 비합리적인 존재이므로 바람직한 선택을 하도록 개입할 수 있다고 가정한다.[6)7)]

이 이론은 정부 정책 등 다양한 영역에서 선택을 유도하고 홍보의 효과성을 높이기 위해 사용되고 있다. 영국 정부의 경우 장기기증을 홍보하면서 "장기기증에 참여해 주십시오"라는 문구 대신 다음과 같은 상호호혜적인 이익을 강조한 넛지 문구를 사용하였다.

"당신은 장기기증이 필요하게 되면 장기기증을 받으시겠습니까? 만약 그렇다면 장기기증 등록에 참여해 주십시오."라는 문구로 많은 장기기증 등록을 유도하였다.[8)9)10)]

미국의 일리노이주 정부에서도 장기기증 온라인 사이트를 만들어 주민에게 참여를 홍보하면서 넛지 이론을 이용하였다. "장기기증을 하십시오"라고 하지 않고 "이미 450만 명이 장기기증 서약을 했습니다."라는 문구를 사용하여 다른 사람들과의 관계 속에서 자신은 어떤 결정을 해야 하는지를 알게 해 큰 성과를 거두었다.[7)]

넛지 이론은 자원봉사활동에 참여하도록 권유하고 홍보할 때 사람들이 이를 쉽게 수용하게 만들 수 있다는 것을 보여준다. 사람들이 선호하는 상호호혜적인 이익을 강조하는 문구를 사용하거나 다른 사람들이나 집단에 대한 정보를 알려주는 넛지를 활용하면 의사결정에 효과적으로 영향을 미칠 수 있다는 것을 알 수 있다.

5.3 교환이론

인간은 비용을 최소로 하면서 이익은 극대화하는 원리에 따라 행동한다는 것이 교환이론(exchange theory)이다.[11)12)] 호만스(Homans, 1958), 블라우(Blau, 1964) 등이 주장하였다.

이 이론에 따르면 자원봉사자는 자원봉사에 들이는 시간과 노력의 비용은 적게 하면서 자원봉사로부터 받는 보상은 크게 하려는 동기를 갖고 활동한다고 볼 수 있다.

자원봉사활동은 대가를 바라지 않고 하는 활동이지만 보람, 자아실현, 심리적 만족과 같은 주관적인 것도 보상에 포함된다고 보면 자원봉사활동에도 이 이론이 적용될 수 있다.

자원봉사자 중에는 어떠한 보상도 바라지 않는 사람도 있다. 그러나 대부분은 자신이 활동에 들인 것 이상으로 보람과 만족을 느끼고 존경을 받고 싶어 한다.

따라서 자원봉사자에게 보내는 감사와 존경의 표현, 감사패나 포상 등의 보상은 자원봉사활동을 지속시키는 데 있어 매우 중요한 동기유발 요인이 될 수 있다.

이 이론은 자원봉사자가 자원봉사활동에 참여할 때 고려하는 것이 무엇인지와 자원봉사활동에 계속 참여하게 만드는 요인이 무엇인지를 알려주므로 참여를 유도하고 관리할 때 유용한 이론이라 볼 수 있다.

5.4 기대이론

자원봉사자의 참여동기는 대가와 보상뿐 아니라 기대하는 것에 의해서도 영향을 받는다는 것을 알려주는 이론이 기대이론(expectancy-valence theory)이다. 브룸(Vroom, 1964)에 따르면 인간의 행동은 기대하는 것에 의해 동기가 유발된다고 한다.[13]

인간은 자신이 노력한 것에 대한 성과가 나타날 것이라는 기대와 결과에 보상이 따를 것이라 기대, 자신이 가치 있게 여기는 보상이 주어질 것이라는 기대에 따라 행동한다는 것이다.

이 이론에 의하면 자원봉사자들에게 자신이 열심히 봉사한 성과를 알 수 있게 하고, 이에 대한 보상을 알려주어 기대하게 하며 원하는 보상을 받을 수 있게 하면 참여동기를 높일 수 있다.

자원봉사활동을 안내할 때 또는 자원봉사자 교육을 할 때 어떤 성과와 보상이 있을지 알려주고, 보상을 줄 때는 자원봉사자가 원하는 보상을 조사해서 제공하는 것이 필요하다는 것을 알 수 있다.

5.5 욕구이론

매슬로우(Maslow, 1943)의 욕구이론에 의하면 인간은 생리적 욕구, 안전의 욕구, 사회적 욕구, 자존의 욕구, 자아실현의 욕구를 갖고 있다.[14] 이러한 욕구 중 안전의 욕구, 사회적 욕구, 자존의 욕구, 자아실현의 욕구가 자원봉사활동과 관련 있다고 한다.[15][16]

미국 브라운 시의 자원봉사자를 대상으로 설문조사한 프랜시스(Francies, 1983)의 연구에 의하면 자원봉사자는 새로운 경험에 대한 욕구, 사회적 책임감의 표현 욕구, 사회적 접촉의 욕구, 타인의 기대에 부응하려는 욕구, 사회적 인정의 욕구, 미래 보상에 대한 욕구, 성취 욕구를 갖고 있는 것으로 나타났다.[16]

자원봉사자의 참여 동기를 높이려면 새로운 것을 배우고 일상에서 하기 어려운 것을 해보며 새로운 사람과 교류하고, 사회문제나 타인의 삶에 대한 관심과 배려를 나타내는 욕구를 충족시켜 주어야 한다는 것을 의미한다.

또한 소속감에 대한 욕구, 학교나 직장의 기대에 부응해서 칭찬과 존경을 받아 자랑스러움을 느끼고 싶은 욕구, 자신도 언젠가 도움을 받을 수 있길 원하는 욕구, 자신의 역량과 능력을 나타내고 싶은 욕구를 충족시켜 주는 것이 자원봉사활동을 활성화시키는 데 필요하다는 것을 알 수 있다.

5.6 갈등이론

다렌도르프(Dahrendorf, 1959) 등이 주장하는 갈등이론에 따르면 개인 또는 집단은 이익을 극대화하고 희소한 자원을 차지하려 하므로 대립하고 경쟁관계에 놓이기 쉽다.[17)2)] 인간은 자원이 한정되어 있는 상황에서 이익을 추구하므로 늘 갈등 속에서 살아간다고 볼 수 있다.

자원봉사활동은 이익을 위해 경쟁하며 하는 활동이 아니지만 누군가 더 많은 보상이나 인정을 받으려고 하거나 보상을 덜 받는 사람이 생기면 자원봉사자와 관리자 간, 자원봉사자 간, 자원봉사자와 대상자 간에도 갈등이 나타날 수 있다.[15)18)19)]

적당한 갈등은 성과를 높이려는 노력을 증가시키고 상호견제를 통해 집단의 의사결정이 독단으로 이루어지지 않게 통제하는 기능이 있다. 그러나 갈등이 지나치면 소통을 방해해 결속력을 약화시키고 일의 효율을 떨어뜨린다. 갈등관리의 필요성을 알려주는 갈등이론은 자원봉사자를 관리하는 데 유용한 이론이라고 볼 수 있다.

5.7 네트워크이론

네트워크(network)란 특정 목적의 서비스나 프로그램을 제공하기 위해 행위자, 집단, 조직이 자율적으로 결합하여 자원을 공유하고 상호작용하는 협력시스템을 말한다. 정보망이라고도 한다.[20)21)22)]

최근의 빅데이터, 인공지능 AI, SNS, 사물인터넷 IoT의 발달은 네트워크를 통해 다양한 정보를 획득하고 사회문제를 해결하는 최적의 방법과 대안을 찾는 것을 가능하게 만들고 있다.

사회복지 네트워크에서는 복지 욕구를 해결하고자 개인, 기관, 단체가 서로 관계를 형성하며 자원을 동원하고 협력한다. 온라인의 비대면 네트워크를 이용해 전 세계의 자원과 연계하여 복지문제를 해결하기도 한다.

네트워크를 구성함으로써 복지 수요자는 개별 욕구에 맞는 서비스를 제공받을 수 있어 효용이 높아지고 네트워크 구성원 간에 상호작용이 증가하므로 신뢰성이 높아져 사회자본이 증가한다. 또한 협력의 파트너십을 형성할 수 있고 역할을 분담하며 서비스 제공의 중복과 누락을 방지할 수 있다.[20)21)22)]

자원봉사자는 네트워크를 이용해 희망하는 조건에 맞는 자원봉사 수요처를 검색·신청할 수 있다.[23)24)25)] 지역사회의 재난·재해와 위기 등 문제에 대한 정보도 네트워크를 통해 얻을 수 있고 이러한 문제에 주도적으로 접근해서 해결 방법과 대안을 찾아 결과를 네트워크상에 공유할 수 있다.

그리고 온라인 비대면의 네트워크를 이용하여 시간이 날 때마다 자원봉사활동에 참여할 수 있는 마이크로 볼룬티어(Micro Volunteer)가 가능해져 자원봉사활동을 일상화시킬 수 있다.[26)]

이러한 네트워크의 장점을 극대화시키려면 자원봉사 관리자는 네트워크를 관리할 때 다음과 같은 자질을 갖추고 업무를 수행할 것이 요구된다.

우선 네트워크에 다양한 구성원이 참여할 수 있도록 자발성에 기초하여 참여와 탈퇴를 자유롭게 해야 한다. 그리고 구성원 간에 의사소통이 민주적으로 이루어지고 수평관계를 유지하도록 상호존중과 호혜의 운영전략을 지녀야 한다.[22)27)]

또한 자원봉사 관리자는 정보와 서비스에 접근하기 어려운 정보취약자를 지원하고, 네트워크를 이용하여 종사자와 참여자를 교육시키거나 프로그램을 운영할 수 있는 디지털 역량도 갖추어야 한다.

네트워크의 종류에는 구성자가 일정한 빈도와 규칙으로 연결되는 레귤러(regular) 네트워크, 무작위적으로 연결되는 랜덤(random) 네트워크, 선호에 따라 연결되는 척도 없는(scale-free) 네트워크가 있다. 평균을 낼 수 없을 만큼 많은 참여자나 사용기기가 연결되는 '척도 없는 네트워크'는 초연결 시대에 강조되는 네트워크이다.[28)]

이러한 척도 없는 네트워크의 가치는 '메트칼프의 법칙(Metcalfe's law)'에 의하면 참여자가 증가하면 할수록 참여자 수의 제곱에 비례해서 기하급수적으로 증가한다.[28)29)]

정보화 사회에서는 네트워크에 참여자가 많아질수록 그 가치가 더 커지지만 그만큼 한번 신뢰를 잃으면 회복하기 어려워지므로 자원봉사 관리자는 책임감을 갖고 네트워크를 관리하는 것이 요구된다.

네트워크이론은 IT기술의 발달로 변화되는 사회에 대한 정보를 제공하고 네트워크를 이용하여 사회복지 서비스를 효율적으로 제공하도록 돕는다. 그리고 네트워크를 이용해서 자원을 동원하고 연계활동을 할 때 자원봉사 관리자가 어떤 역할을 해야 하는지에 대한 정보도 제공해 준다.

탐구 및 토의주제

- 협력을 통해 자신과 공동의 이익을 모두 증가시킨 사례를 기술해 보십시오.
- 자원봉사활동을 하기 전에 이익과 비용을 비교해 보았던 경험을 기술해 보십시오.
- 넛지 이론을 이용하여 자원봉사활동 홍보 문구를 작성해 보십시오.
- 인터넷을 이용해 사회문제를 해결한 마이크로 볼룬티어의 사례를 조사해 보십시오.

CHAPTER 6

현대사회의 특징과 자원봉사 활동의 필요성

이 장에서는 현대사회가 이타적인 사회가 되기 위해 극복해야 하는 특징이 무엇인지 어떻게 자원봉사활동으로 해결할 수 있는지에 대해 학습한다. 소비와 빈곤, 능력주의와 불공정성, 전문가 중심과 인간 중심, 조직의 거대화와 개인의 힘, 권리의 사회와 노블레스 오블리주의 측면에서 현대사회의 특징을 살펴본다.

CONTENTS

6.1 소비와 빈곤

자본주의 사회에서 사람들은 다양하고 풍요로운 상품을 소비하며 행복을 누린다. 경제학자 폴 새뮤엘슨(Paul Samuelson)은 행복은 소비/욕망, 즉 소비에 비례하고 욕망에 반비례한다고 정의하였다.[1] 소비가 증가하거나 욕망이 감소할수록 행복하다는 것이다.

소비자로서 행복을 증가시키려면 소비에 필요한 재원인 소득을 증가시켜야 한다. 그러나 근로자로서 소비자는 이윤극대화를 추구하는 기업의 원가절감과 무한경쟁으로 인해 저임금과 실직 위험에 처하게 된다. 부자와 빈자의 비율이 1:99로 빈곤인구가 늘어나고 있는 것이 이러한 상황을 보여준다.[2]

또한 근로자는 더 높은 임금과 직업을 찾아 떠돌게 되므로 가족이나 친구와 친밀한 관계를 맺는 것이 어려워진다. 근로자들이 빈곤에 빠지지 않으려고 필사적으로 일을 할수록 자신을 지지해 주는 사람들과 멀어져 삶은 더 황폐해진다(로버트 라이시, 2001).[3]

제러미 리프킨(Jeremy Rifkin, 2001)은 접속의 시대에는 인간의 모든 경험이 유료화 된다고 하였다.[4] 친밀한 관계에서 유리되어 개인화로 커지는 불안감을 해소하기 위해 서비스상품에 접속하려면 비용이 필요하다는 것을 의미한다. 결국 더 많은 소득이 필요해지는 근로자는 로버트 라이시(Robert B. Reich, 2001)가 말한 것처럼 노예와 같은 삶을 살게 된다.

한편 편리함과 만족감을 주는 상품 소비를 많이 하기 위해서는 생산도 증가시켜야 한다. 상품생산을 위해서는 유해물질의 사용, 원전 방사능 유출, 환경오염 등의 문제를 방치하지 않을 수 없다. 울리히 벡(Ulrich Beck, 2006)은 이러한 사회를 '위험사회'라 하였다.[5]

결국 소비를 위한 더 많은 소득과 더 많은 생산은 욕망도 같이 키우게 된다. 행복해지려면 욕망을 감소시켜야 하는 것과 모순이 생기므로 부자가 되고 상품을 소비하려는 욕망도 줄여야 행복해진다고 볼 수 있다.

욕망을 줄여서 행복하게 사는 방법으로 E.F. 슈마허(Schumacher, 2010)는 자발적으로 가난한 삶을 선택해서 살 것을 권한다.[6] 자발적 가난이란 가난에 빠진 삶이 아니라 소유욕을 줄이고 단순한 삶과 마음의 평화를 통해 진정한 만족에 이르는 길을 선택하는 것을 말한다.

자신이 좋아하는 일을 하면서 창조된 가난을 살면 물질적으로 덜 풍요롭더라도 더 큰 행복을 느낄 수 있다는 것으로 자원봉사를 하며 사는 것도 이러한 삶이 될 수 있을 것이다.

한편 엘빈 토플러 외(Alvin Toffler & Heidi Toffler, 2006)는 자본주의 사회에서 빈곤한 근로자가 돈이 없이도 생존하려면 생산과 소비를 같이하는 생산적 소비자, 프로슈머(prosumer)가 되어야 한다고 말한다.[7]

프로슈머란 서로 무상으로 도와주는 지역공동체적 활동을 하는 사람으로 비화폐 경제활동을 하는 자를 의미한다. 미래의 부를 창출하는 방법인 프로슈머의 삶은 다음과 같이 다양하게 나타날 수 있다.

대가 없이 서로의 자녀를 돌보아 주는 방법, 내가 잘하는 것을 해주는 대신 상대방도 자신이 잘하는 것을 해주는 방법, 일손이 부족한 일터에서 무보수로 일을 해주고 그곳에서 생산한 것을 대신 받거나 저렴하게 구입하는 방법, 무료로 지식 등을 제공해서 다른 사람이 이를 이용하여 고가의 상품이나 서비스를 직접 생산·소비하게 하는 방법 등 여러 가지로 나타날 수 있다.

프로슈머와 자원봉사자는 무보수의 활동을 하는 점에서 매우 유사하다. 자원봉사자는 공익을 위해 활동하나 프로슈머는 자신의 생존을 위해 활동하는 점이 다르기는 하지만 자원봉사활동을 통해 프로슈머가 되는 방법을 배우고 학습할 수 있다. 자원봉사는 미래의 삶을 준비하는 장이 된다고 볼 수 있다.

소비로 행복해지려는 사회에서는 빈곤과 정신적 불안감, 위험 요소가 증가한다. 이를 감소시키는 데에 자원봉사가 필요할 뿐 아니라 욕망을 줄여서 행복해지는 데에도 자원봉사가 필요하다. 자발적인 가난 속에서 진정한 만족에 이르고 프로슈머의 삶을 배우는 방법으로 자원봉사활동이 이용될 수 있을 것이다.

6.2 능력주의 사회와 불공정성

각자의 능력에 따라 보수, 지위, 직업, 권력을 가질 수 있는 사회를 능력주의 사회라 한다. 능력주의 사회에서는 능력이 있는 개인은 능력을 자유롭게 펼치고 신장시킬 수 있어 유리하나 무능력자는 매우 불리하다.

이런 문제점에서 존 롤스(J. Rawls)는 최소 수혜자를 최우선으로 배려할 때 공정한 사회가 된다고 주장하였다. 노력 외에 타고난 것으로 능력을 평가받는 것은 불공정하므로 차등한 기회를 주는 사회가 정의로운 사회라 하였다.[8)9)]

능력의 차이는 태생적 특성뿐 아니라 경제력 등 소유한 자원에 의해서도 나타난다. 유발 하라리(Yuval Harari, 2017)는 생명과학 기술의 발전으로 인간은 불멸의 영역으로 들어가고 있지만 경제적 차이로 인해 모든 사람이 혜택을 공평하게 받지 못한다고 주장하였다.[10)]

이러한 능력주의 사회의 차이를 해소하기 위해서는 최소 수혜자에게 기회를 주는 사회정책이 필요하다. 그러나 정책이 수립되려면 어느 정도 수요가 있어야 하고 실현되기까지 많은 시간이 요구된다.

제도가 잘 갖추어진다 해도 모든 사람들의 다양한 욕구를 충족시키기는 어렵다. 복지사각지대의 문제에 즉각적으로 개입할 수 있는 자원봉사

도 필요하다.[11)]

자원봉사활동으로 불이익을 받는 사람에게 차등의 기회를 제공하려면 누가 불공정한지 알 수 있어야 한다. 사람들은 최소 수혜자를 정할 때 각자의 입장에서 자신에게 혜택을 주는 사람을 선택할 가능성이 높다.

이런 문제를 해결하기 위해 존 롤스(J. Rawls)는 자신의 지위 등 모든 조건을 백지화한 '무지의 장막' 상태에서 누구에게 차등의 기회를 줄 것인지를 합의해야 한다고 제안하였다.

주민들이 마음을 비우고 어떤 사람이 불공정한 조건에 놓여 있는지를 파악한 다음 차등의 기회를 제공하는 자원봉사활동을 할 때 공정한 사회가 될 수 있다는 것이다.

정책에서 소외된 사람을 최소화하고 긴급하게 발생한 불공정한 문제를 해결해서 지역사회가 합의한 공정한 사회를 이루는 방법으로 자원봉사활동이 필요하다고 볼 수 있다.

6.3 전문가 중심과 인간 중심

현대사회는 인간의 존엄성을 최고의 가치로 여기는 휴머니즘(Humanism) 사회로 인간 중심의 가치를 지향한다. 인간이 존엄하다는 것은 인간을 소중한 존재로 존중한다는 것이고 인간을 존중한다는 것은 그의 의사와 자신의 삶을 스스로 결정할 수 있는 능력과 권리를 인정한다는 것이다.[12)13)14)]

현대인은 문제가 발생했을 때 전문가에 의존하여 해결하는 경향이 있다. 전문가는 문제에 관심을 기울이며 문제가 사라진 상태를 목표로 삼고 목표를 효율적으로 달성할 수 있는 해결방법을 모색한다.

문제해결에 필요한 치료나 서비스 등을 당사자가 아닌 전문가가 결정하므로 스스로 삶의 조건을 선택하고 결정하는 당사자의 자기결정권은 유보될 수 있다.

이러한 전문가 패러다임과 달리 인간중심 패러다임에서는 문제보다 문제를 가진 당사자의 권리와 희망을 중요하게 다룬다. 당사자가 원하는 것을 스스로 할 수 있게 돕고 당사자의 능력과 강점을 지지해서 자립생활을 통해 사회일원이 될 수 있게 지원한다.[15)16)]

사회가 전문화될수록 전문가에게는 인간중심 패러다임으로 서비스를 제공하는 것이 요구된다. 그러나 전문성에 대한 요구가 높아지며 인간중심의 서비스는 또 다른 전문가에 의해 수행되어 비용이 부가되기도 한다.

지역사회의 빈곤문제를 해결하는 자원봉사활동을 할 때 전문적으로 문제를 해결해 주는 자원봉사활동뿐 아니라 당사자에게 관심을 가지며 지지해 주는 인간중심의 서비스를 제공하는 자원봉사활동도 필요하다고 볼 수 있다.

6.4 조직의 거대화와 개인의 힘

현대사회의 사회조직과 제도는 규모가 커지고 이해관계가 복잡하게 얽혀서 문제가 발생했을 때 이를 변화시키기가 쉽지 않다. 조직이나 제도를 변화시키는 것을 계란으로 바위치기라고 여길 수 있다.

그러나 한 사람이 변화에 도전하면 아주 작은 시도라도 큰 변화를 초래할 수 있다. 예를 들면 한 장애인이 교육의 장벽을 극복한 것이 많은 장애인에게 교육의 기회를 갖게 하는 파급효과를 가져오게 할 수 있다.[17)]

이처럼 아주 작은 요소가 연쇄효과를 일으켜 전혀 예측하지 못한 결과를 만들어 내는 것을 나비효과(butterfly effect)라 한다. 카오스(chaos) 이론에서 나온 것으로 북경에서 나비가 날개 짓을 하면 한 달 후 뉴욕에 폭풍이 몰아치는 효과를 나타내는 말이다.[18]

작은 변화로 큰 결과를 초래하는 것을 비유하는 데 사용되는데 현재 상황이 변화되길 바란다면 이를 변화시키려는 사람 한 명만 있어도 된다는 것이 나비효과가 갖는 의미이다.[19]

어떤 장애나 난관에 부딪혔을 때 이를 돕는 누군가 한 사람만 있으면 해결의 실마리를 찾을 수 있다. 사회조직과 제도가 거대화되고 복잡해져도 세상을 변화시키는 데는 한 명의 자원봉사자가 필요하다고 볼 수 있다.

6.5 권리의 사회와 노블레스 오블리주

오늘날 시민들은 경제적, 사회적, 문화적으로 많은 권리를 갖고 있다. 그러나 근대 이전에는 특정 계층만이 권리를 갖고 있었다. 1789년 프랑스혁명으로 비로소 시민에게는 자유·평등의 인권이 있다는 것이 인정되었고, 모든 사람이 똑같은 존엄과 권리를 갖는다는 것이 공포된 것은 1948년 세계인권선언에서였다.

권리를 가진 인간의 범위가 시민에게로 확대되면서 특정 계층에게 요구되던 사회적 의무도 시민에게 강조되었다. 사회적 신분에 상응하는 도덕적 의무를 의미하는 노블레스 오블리주(noblesse oblige)라는 용어는 프랑스의 정치가 가스통 피에르 마르크(Pierre Marc Gaston, 1764~1830)가 19세기 초에 처음 사용하였다.[20][21]

고대로부터 근대에 이르기까지 신분에 따른 사회적 의무의 내용을 살펴보면 시민에게 요구되는 노블레스 오블리주의 의미를 알 수 있다. 로마시대 귀족의 경우 전쟁이 벌어지면 선봉에서 싸우는 것을 책무로 여겼고, 귀

족은 이런 능력이 있어야 권력자로 인정을 받았다.[22]

중세에는 '칼레의 6명의 시민'에서 지도층의 사회적 의무에 대한 정신을 찾아볼 수 있다. 백년전쟁에서 영국이 프랑스의 항복을 받아내려고 칼레라는 도시에서 주민을 대신해 6명을 교수형 시키려 했을 때 주민을 구하기 위해 귀족과 지도층이 나섰다.[23][24]

근대에는 영국 고위층 자녀가 다니던 이튼칼리지(Eton College)에서 노블레스 오블리주 정신을 엿볼 수 있다.[25] 이 학교 학생 중 제1차 세계대전과 제2차 세계대전에 참여해 전사한 자가 2,000여 명에 이른다고 한다.

우리나라에서는 조선시대 최고의 부자였던 '경주 최 부잣집'과 최고의 명문가였던 '이회영 일가'에서 이러한 노블레스 오블리주 정신을 찾아볼 수 있다. 최 부잣집은 주변 100리 안에 굶어 죽는 사람이 없게 하였고 만석 이상의 재산은 모으지 않았다.[21]

조선 최고의 명문가인 이회영 가문의 여섯 형제는 일제강점기에 지금 돈 600억 원의 전 재산을 바쳐 신흥무관학교를 세우고 독립군을 양성하며 항일 운동에 목숨을 바치는 독립운동을 전개하였다.[26]

이러한 역사적 사례에서 어떤 사회가 지속가능한 사회가 되기 위해서는 혜택을 받는 사람들이 사회적 의무를 행하는 것이 필요하다는 것을 알 수 있다. 현대사회의 시민들은 과거 권리를 누리던 귀족처럼 많은 권리를 지니고 있다.

이 사회가 지속가능한 사회가 되기 위해서는 시민들이 노블레스 오블리주 정신을 갖고 지역사회에 기여하는 자원봉사활동에 참여하는 것이 요구된다고 볼 수 있다.

탐구 및 토의주제

- 토끼와 거북이 동화를 시대 요구에 맞게 고쳐 써보십시오.
- 나비효과로 사회문제를 해결한 사례를 조사해 보십시오.
- 시민으로서 노블레스 오블리주를 실천한 사례를 조사해 보십시오.

CHAPTER 7

자원봉사 활동과 관련된 철학

이 장에서는 자원봉사활동을 할 때는 어떤 관점에서 해야 하는지 관련된 철학에 대해 학습한다. 공리주의, 공동체주의, 합리주의, 시민의식에 초점을 두고 각 관점에서 자원봉사활동을 할 때의 문제점과 고려해야 할 것에 대해 살펴본다.

CONTENTS

7.1 공리주의

공리주의란 고통이 없는 행복한 세상을 꿈꾸며 최대 다수의 최대 행복을 추구하는 것을 말한다. 공리주의를 주장한 제레미 벤담(Jeremy Bentham, 1749~1832)은 행복이나 쾌락은 양적으로 측정할 수 있고 이를 극대화하는 행위가 옳은 행위이며 많은 사람이 행복해야 선(善)을 이룬다고 주장하였다.[1)]

제레미 벤담의 공리주의는 이상적이기는 하나 다수의 행복을 위해 소수를 희생시키거나 다수에 의한 독단이 나타날 수 있고 질적인 행복을 간과하는 문제가 내포되어 있다.

칸트주의자들은 인간은 쾌락을 좇는 동물이 아니며 모든 사람이 행복하다고 좋은 사회는 아니라고 비판한다. 도덕적인 가치는 행복이라는 결과가 아닌 옳은 일을 하고 인간 자체를 존중하는 것이 동기가 되었을 때 나타난다는 것이다.[1)2)]

자원봉사활동은 공리주의에 따라 구성원 모두의 행복을 추구하며 수행될 수 있다. 그러나 공리주의가 지니고 있는 문제점에서 보듯이 소수자를 희생시키거나 특정 개인을 배제하는 문제가 나타날 수 있다. 다수를 행복하게 만든다고 옳은 일이 아닐 수 있고, 다수의 행복을 추구하다 보면 대상자의 삶의 질이 아닌 대상자의 수 확보에만 관심을 기울일 수 있다.

이러한 문제가 최소화되도록 공리주의 시각에서 자원봉사활동을 할 때는 다수를 위해 희생되는 약자나 소수자는 없는지, 도덕적으로 옳은 일을 하는 자원봉사 활동인지, 수혜자의 양을 증가시키는 활동을 할 것인지, 수혜의 질을 높이는 활동을 할 것인지를 고려하는 것이 필요하다.

7.2 공동체주의

자유주의는 개인의 자유와 권리를 중시한다. 자유주의를 지향하는 사회에서 개인은 선택의 자유를 누리며 능력을 자유롭게 발휘하고 선호에 따라 살 수 있어 만족스러운 삶을 살 수 있다.[3]

그러나 개인의 가치를 국가나 사회의 집단적 가치보다 우선으로 생각하는 개인주의가 만연하게 되면 가족과 이웃 등 공동체가 와해될 수 있다.[4] 울리히 벡(Ulrich Beck, 2006)은 개인주의 사회는 위험사회라고 보았다.[5]

이익과 권리를 앞세우는 이기적인 사람들로 인해 공동체의 안전과 이익이 위협을 받고, 예측할 수 없는 위험과 심화되는 경쟁 속에서 개인의 정신적 고통과 공포는 외면당한다는 것이다.

이러한 자유주의 사회의 개인화 문제를 해결하는 대안으로 마이클 샌델(Michalel J. Sandel, 2010)은 공동체주의를 제안하였다.[6][7] 공동체주의란 시민들이 공동체 활동에 참여하여 어떠한 사회를 만들 것인지 개인의 의사를 존중하며 협의해서 공동체의 불합리한 부분을 개선하고 공동의 선(善)을 이루는 것을 말한다.

대부분의 자원봉사자는 공동체주의보다 자유주의에 입각해서 자신의 만족을 극대화시키는 자원봉사활동을 선택한다. 개인의 자유의사를 존중하여 선호에 따라 자원봉사활동을 선택하는 것을 바람직하게 생각할 수 있다.

그러나 개인이 희망하는 자원봉사활동이 사회에서 필요로 하는 자원봉사활동과 일치하는 것은 아니다. 선호에 의거해서 자원봉사활동이 이루어질 경우 사회문제 해결에 불균형이 나타날 수 있다.

더 좋은 지역사회를 만들고자 한다면 공동체주의에 의거한 자원봉사활동도 필요하다. '죄수의 딜레마' 게임이론에 의하면 공동체 구성원이 공동

의 선(善)을 이루면 개인적으로 얻을 수 있는 이익보다 더 많은 이익을 얻을 수 있다.[8)]

지역주민에게 필요한 활동이 무엇인지 상호존중과 이해를 바탕으로 협의하고 합의한 활동을 하면 나의 만족뿐 아니라 지역사회의 만족도 같이 높일 수 있다.

자원봉사활동의 선택을 자유의사에만 맡길 것이 아니라 공동체주의에 바탕을 둔 자원봉사활동에 참여하도록 권유하고 유도하는 것도 필요하다고 볼 수 있다.

7.3 합리주의

합리주의란 이성과 논리에 의거한 사고방식과 삶의 태도를 의미한다. 근대 이전 신이나 군주가 지배하던 시기에 모든 정신의 근원은 이들로부터 나왔다. 개인은 자신의 이성에 근거하여 생각하는 주체가 될 수 없었으므로 비이성적인 삶을 살았다.

근대 이후 개인의 권리가 신장되면서 '생각하는' 존재가 된 개인은 연역적·귀납적 논리와 이성을 기반으로 합리적인 사고를 통해 지식을 쌓기 시작하였다.[9)] 이를 바탕으로 과학이 발전하고 풍요를 누리게 되자 사람들은 이성과 합리적 사고를 절대적으로 신뢰하게 되었다.[9)10)]

그러나 합리적 사고가 인간에게 좋은 결과만을 가져온 것이 아니었다. 과학이 살상무기 제조에 이용되고 자연환경을 파괴하였다. 한편 이성적 논리로 설명하기 어려운 불완전성 원리와 불확정성 원리가 발견되면서 합리적 사고에서 얻은 것이 진리가 아닐 수 있다는 생각도 나타나기 시작하였다.[11)]

합리적 사고는 인간의 일상에도 불행을 가져다줄 수 있는데 이는 '늑대와 양치기 소년' 우화에서 찾아볼 수 있다.[12] "양치기 소년은 거짓으로 마을 사람들에게 늑대가 나타났다는 말을 여러 번 반복한다. 진짜 늑대가 나타났을 때 마을 사람들은 이번에도 거짓말일 것이라는 합리적인 판단을 내리고 소년의 말을 믿지 않아 결국 소년과 양은 생명을 잃게 된다."

이러한 합리적인 사고의 문제점과 한계에도 불구하고 여전히 사람들은 합리적인 사고를 통해 생활을 개선하고 이익을 최대화시키고자 한다. 지역사회 문제를 개선하고 해결하는 자원봉사활동의 대부분이 이성과 논리, 합리적인 사고를 바탕으로 수행된다.

그러나 모든 사람이 합리적으로 판단하고 행동할 때, 우화 속 소년의 외침에 귀를 기울이는 비합리적인 사람이 필요한 것처럼 사람들의 합리적 행동에 대해 의심하고 비합리적으로 행동하는 자원봉사자도 필요하다고 볼 수 있다.

7.4 시민의식

시민이란 민주사회의 구성원으로서 권리와 의무를 지닌 자를 말하며 이러한 권리와 의무에 대한 의식을 시민의식이라 한다.[13][14] 민주사회에서 국가의 주권은 국민에게 있고 바람직한 민주사회는 국민의 참여로 만들어진다.

오늘날에는 자원봉사활동과 같은 사회활동에 누구나 참여할 수 있지만 근대사회 이전에 사회참여는 특정인만이 누리던 권리였다.[15][16] 다음의 역사적 과정을 보면 시민이 사회활동에 참여하는 것은 어렵게 획득한 권리라는 것을 알 수 있다.

고대 그리스 시민의 정치활동은 민주주의의 기원으로 훌륭한 것으로 권장되었다. 그러나 시민은 모든 사람이 될 수 없었고 귀족과 농민, 성인 남자만이 될 수 있었다. 여자나 외국인과 노예는 될 수 없었다.[17)18)]

로마시대에는 시민권을 가진 자는 투표권, 사업권 등의 권리를 소유하였고 신분을 보장받았다. 노예생활 10년 후 자유민이 된 노예 자녀와 피정복민은 시민이 될 수 있었지만 여성은 시민이 될 수 없었다.[19)20)21)]

중세기에는 도시에 사는 사람을 시민이라 하였는데 이 중 일부가 왕으로부터 시민권을 부여받았다. 상공업이 확대되면서 자본을 소유한 부르주아가 시민계급으로 등장하였다.[22)23)]

절대왕정기에 부를 축적한 시민계급은 자유와 권리를 신장시키고자 전제군주제를 타파하는 시민혁명을 주도하여 사회참여를 보장받았다. 프랑스에서는 대혁명(1789년)을 통해 모든 인간이 자유와 평등의 권리를 갖는 인권선언이 이루어졌다.

모든 사회구성원이 권리를 갖는 시민이 될 수 있게 된 데에는 철학사상가들의 영향도 있었다. 홉스(Hobbes, 1588~1679)는 생명권 등의 자연권을 보장받기 위해서는 계약에 의한 국가 지배가 이루어져야 한다는 사회계약설을 주장하였고, 로크(Locke, 1632~1704)는 지배자에 대한 저항도 시민의 자연권이라고 보았다.[24)25)]

자본주의가 발달하면서 시민의 권리는 정치 영역뿐 아니라 경제 영역으로 확장되었다. 마르크스(Marx, 1818~1883)는 부르주아의 착취와 지배를 비판하며 노동자를 위한 혁명을 주장하였다.[15)26)]

근대에는 시민의 권리영역이 생활영역으로까지 확대되었다. 하버마스(Habermas, 1929~)는 비대해진 국가가 시민사회(생활세계)를 규제하므로 국가로부터 자유와 권리를 지키기 위해 시민의 사회참여가 필요하다고 주장하였다.[26)]

1980년대에 시민은 정부나 시장과 협력해서 사회문제를 해결하는 의사결정 주체가 되었다.[27] 거버넌스(governance) 개념의 등장으로 시민사회로 구성된 제3섹터가 권력을 분배받았다.

이러한 역사적 과정으로부터 모든 시민이 사회참여의 권리를 갖게 된 것은 근대 이후이고, 시민의 권리영역이 정치로부터 경제, 생활영역, 협치자로 확대되어 왔다는 것을 알 수 있다.

현대사회에도 사회참여의 권리에서 배제당하는 시민이 있다는 비판이 있다.[28] 그러나 자원봉사활동은 누구나 자유의지에 따라 참여할 수 있는 권리 행사의 장이다. 어렵게 획득된 권리를 영유하고 이러한 권리를 지키려면 권리가 행사되어야 한다.

국민의 참여로 만들어지는 민주사회를 유지·발전시키기 위해서도 시민의 사회참여는 노블레스 오블리주(noblesse oblige)로 요구된다. 자원봉사활동에 참여하는 것은 개인의 자유에 달려있지만 시민의 의무라는 의식도 필요하다고 볼 수 있다.

탐구 및 토의주제

- 다수를 위한 자원봉사활동이 소수자에게 불이익을 준 사례를 조사해 보십시오.
- 비합리적 행동으로 보이는 자원봉사활동의 사례를 조사해 보십시오.
- 공동체주의와 공리주의의 차이에 대해 기술해 보십시오.

CHAPTER 8
자원봉사의 역사

이 장에서는 복지국가의 이념을 처음으로 구현하고 재구조화시킨 영국에서의 자원봉사활동의 역사와 자원봉사활동이 다른 나라보다 활발한 미국에서의 자원봉사활동의 역사에 대해 학습한다. 이를 통해 자원봉사활동이 어떻게 변화해 왔는지 세계적인 흐름을 알고 한국의 자원봉사 정신의 뿌리와 현대적인 의미의 자원봉사의 변화과정을 이해하도록 한다.

CONTENTS

8.1 영국의 자원봉사 역사

1) 16세기 이전: 자선의 시기

중세기 기독교가 일상을 지배하던 영국에서는 고난을 신의 섭리라 여겼다. 교리에 의하면 인간은 하나님의 명을 어긴 죄로 수고를 해야 하는 형벌을 받았다(창세기 3:17).

고통스런 가난은 퇴치의 대상이 아니었고 빈자는 하나님께 구원을 바라는 경건한 자라 여겨졌다. 성경에서는 하나님의 나라가 그들의 것이라고 하였다(누가 6:20).[1)2)]

가난한 자에게 자선을 베푸는 것이 교리에서 강조되었다. 자선은 하늘의 보화를 갖는 것과 같고 예수에게 베푸는 것과 같다고 했다(누가 18:22; 마태 25:35-46). 가톨릭 수도원에서는 빈민구호 사업으로 자선의 집을 운영하였다.[1)2)3)4)]

중세의 봉건사회에서는 대부분의 농민들이 농노로 가난하게 살며 힘든 노역에 종사하였다. 이들은 노동의 대가로 지배자인 영주로부터 보호를 받았으므로 가난하더라도 빈민으로 간주되지는 않았다.

그러나 13세기에 농노가 해방되고 상업이 발달하면서 노동과 빈곤에 대한 인식이 바뀌기 시작하였다.[1)2)3)] 하나님의 창조활동을 노동으로 인식하였고 인간의 노동은 만물을 관리하라는 하나님의 명령에 따르는 숭고한 것으로 여겨졌다. 가난한 자는 게으른 자라고 보았으므로 일할 능력이 있으면서 일하지 않는 빈민은 비난을 받았다.[2)3)]

14세기에 발생한 흑사병과 심한 기근은 노동력 부족과 인건비 상승, 농민의 이동을 유발하였다. 봉건제가 위기에 처하자 노동자조례(1349년)를 만들어 농민의 이동을 금지하였다. 그리고 농민을 영주가 정한 임금노동

에 강제로 종사하게 하며 근로 능력이 있는 빈민의 구걸과 구제를 금지하였다.[5)6)7)]

2) 16세기~18세기: 자원봉사의 비조직화 시기

15~16세기는 강력한 왕권을 추구하는 절대군주가 통치 비용을 조달하기 위해 무역을 중시하면서 상업과 가내수공업이 발달하였다. 인구가 증가하여 양모 수요가 늘어나자 농토에 양을 기르는 인클로저운동이 일어나고 토지를 잃은 농민은 부랑자와 빈민이 되어 도시로 몰려들었다.

16세기에 종교개혁이 있기 전까지 빈민은 가톨릭 수도원에서 보호해 왔다. 국교회의 수립으로 수도원이 해산되면서 빈민들은 도시에 무리 지어 살며 범죄와 위생문제를 일으켰다.

도시에서는 걸인부랑자처벌법(1531년) 등 부랑자에 관한 법을 만들어 빈민을 추방하거나 구걸 허가를 받게 하고 탄압하였다. 노동능력이 있는 자가 구걸하면 매질이나 낙인, 사형 등으로 가혹하게 처벌하였다.[3)6)7)10)]

종교개혁을 주도한 청교도들은 칼빈(Calvinisme, 1509~)의 직업소명론의 영향을 받아 직업노동으로 부를 축적하며 자본주의를 성장시켰다. 이들은 빈민을 신의 부름을 받지 못한 자라고 여겼고 자선을 행할 때는 게으른 빈민을 구별해야 한다고 생각하였다.[3)4)8)9)]

구제받지 못하는 빈민이 사회의 불안요소가 되면서 1601년 정부에서는 빈민구제의 책임이 정부에게 있다는 것을 인정하며 최초의 공공부조적 성격의 엘리자베스 구빈법을 제정하였다. 노동능력이 있는 빈민은 작업장으로, 노동능력이 없는 빈민은 시설로 보내졌고 요보호아동은 입양이나 도제 생활을 하게 하였다.[4)7)9)]

17세기는 부를 축적한 시민계급이 성장하여 근대 시민사회가 형성되는 시기였다. 전제군주제를 폐지하고 입헌군주제를 확립하는 명예혁명(1689) 등으로 사회가 혼란할 때에 마을을 지키는 자발적인 자경단이 조직되었다. 이들을 볼룬티어(volunteer)라 부르면서 자원봉사자가 자원병의 의미를 갖게 되었다.[10)11)]

18세기에는 시민계급의 경제활동 보장, 증기기관 등의 기계 발명, 식민지의 확보, 공장제 기계공업의 발달을 배경으로 산업혁명이 일어났다. 공장에는 몰락한 농민이 유입되어 노동자계급을 형성하였다. 이들은 하루 15시간 이상의 근로에 최저임금, 근로재해, 열악한 주거환경으로 비참한 생활을 영위하였다.

정부는 자유방임주의 사상에 입각해서 빈곤을 개인의 실패로 간주해 빈민문제에 개입하려 하지 않았다. 1834년 신구빈법에서는 구빈법의 공적 구제를 반대하며 구제받기보다 노동을 선택하도록 열등처우의 원칙을 내세웠다. 작업장과 구빈원의 구제 수준은 최하위 노동자 생활보다 낮았다.

3) 19세기: 민간 차원의 조직화 시기

19세기 초 노동자들은 기계파괴운동인 '러다이트 운동(Luddite Movement)' 등을 일으키며 열악한 근로조건에 항거하였다. 이후 노동자의 근로조건을 개선하는 공장법이 제정되었다. 아동의 근로를 1일 12시간으로 제한하는 면직공장법(1831년), 아동과 여성의 근로를 제한하는 광산법(1842년) 등이 제정되었다.[5)7)9)]

한편 중상류층과 사회지도층에서는 민간 단체와 기관을 설립하여 빈곤문제를 해결하려 하였다. 수많은 자선단체가 생기자 이를 통합·조정하기 위해 자선조직협회(1869년)가 설립되었다. 자선조직협회에서는 중상류층 여성들이 우애방문원으로 활동하였다. 1884년에 설립된 토인비홀 인보관에

서는 대학생 등의 지식인이 자원봉사자로 일하며 빈민사업을 펼쳤다.[10)11)]

4) 20세기: 정부주도 하의 육성 시기

20세기 들어 영국 정부는 빈곤에 대한 국가의 책임을 강화하였다. 1942년 사회의 5대 악인 무지, 질병, 나태, 불결, 궁핍에 대항하여 복지국가의 이념을 제시한 베버리지 보고서(The Beveridge Report)를 수용하고, 가족수당법(1945년), 국민보건서비스법(1946년), 국민부조법(1948년) 등을 제정하며 복지국가의 황금기를 열었다.[12)13)]

1960년에는 자원봉사활동의 근간이 되는 자선법(Charity Act)이 제정되었다. 1960년대 말부터 사회복지비 지출로 재정 위기가 나타나기 시작하자 복지서비스 분배 수단으로 자원봉사활동의 중요성이 부각되었다.[7)14)]

시봄 보고서(The Seebohm Report, 1968)에서 자원봉사를 지원하는 조직의 필요성이 제기되어 1970년 전국자원봉사센터연합회가 설립되고 1972년에는 자원봉사국이 설립되었다.[9)13)15)]

1980년대에 영국 정부는 실업문제를 해결하는 방법으로 자원봉사를 육성하였다. 그동안 자원봉사는 임금노동을 위협하는 대체물로 인식해 왔으나 인식을 확장하여 자원봉사와 사회문제 해결을 연계함으로써 복지다원주의를 이끌어냈다.[14)]

5) 1980년대 이후: 민·관 협력의 시기

개인과 기업, 민간단체의 참여를 통한 복지다원주의에 대한 시민의 합의가 이루어지며 복지공급의 주체가 정부에서 시장과 지역사회의 제3섹터로 확대되었다. 직접적인 복지서비스 공급자였던 정부의 역할은 서비

스 구매자로 축소되고 서비스 전달 책임이 정부에서 민간으로 전환되었다.[11)13)]

민·관 협력 과정에서 정부는 민간의 자원봉사를 활성화시키기 위해 역할을 분담하였다. 프로그램 개발·재정지원·평가는 정부가 맡는 한편 민간에서는 직접 서비스를 전달하도록 하였다.

1999년 새천년봉사단(Millennium Volunteers)프로그램의 경우 기본내용에 대한 관할은 정부가 맡고 프로그램 운영은 민간과 지역정부가 수행하였다.[11)13)14)]

영국의 민간 자원봉사 조직에는 자원봉사센터(Volunteer Center), 전국민간기관협의회, 지방민간기관협의회 등이 있다. 민간부문은 정부의 지원을 받으며 정부의 파트너로서 사회복지서비스를 공급하였다.

그러나 정부의 재정지원이 삭감되면서 재원을 다원화하며 지역사회 문제를 해결하는 역량을 보여야 하는 과제가 생겼다.[11)13)15)] 이런 요구로부터 비영리기관이 수익을 추구하는 사회적 기업이 활성화되었다.

8.2 미국의 자원봉사 역사

1) 17세기 이전: 자원봉사의 태동기

미국은 자원봉사법이 다른 나라보다 일찍 제정되고 정부의 지원과 프로그램이 발달한 나라이다. 자원봉사활동의 기본 정신인 이타주의와 사회참여의 전통이 강한데 이는 무엇보다 기독교 정신과 자유주의 정신이 견고하게 뿌리를 내렸기 때문이다.[1)2)]

15세기 국가가 형성되기 전 북아메리카에 정착하기 시작한 영국의 이주민은 종교 탄압을 피해 이주한 청교도인들이었다. 이들은 대부분 중산계층으로 동질적인 공동체를 형성하며 자조적인 삶을 살았다.

영국의 역사학자 토크빌(Tocqueville, 1805-1859)은 미국인들은 문제가 있으면 두 사람만 있어도 위원회 등의 자구적인 모임을 만들어 해결한다고 기록하였다.[1)3)4)]

청교도들은 칼빈(Calvinisme, 1509~)의 사상을 이어받아 근면성과 직업을 중요하게 생각하였다. 교리를 중시한 이들은 이웃사랑을 실천하는 자선에는 자발적으로 참여하면서도 나태한 자와 도움이 필요한 자는 구별해야 한다고 생각하였다.[8)5)6)]

이러한 빈민 분류 의식은 영국의 구빈법(1601년)의 영향을 받은 것이었지만 미국인들은 영국인들처럼 정부 차원의 법이나 제도를 만들지 않았다. 빈민의 문제에 대해 국가보다는 개인의 차원에서 다루어야 한다는 관점이 지배적이었다.[1)]

영국인들이 정부와 주민 간의 관계에 중세기 봉건제도에서 있었던 영주와 농노 간의 보장적 공유관계를 이어간 것과 다르게 미국인들은 구체제에서 벗어나 개인적이며 자유롭고 자립적인 삶을 살고자 하였다.[7)8)]

국가의 간섭을 배제하는 자유방임사상과 정부에 의존하지 않고 문제를 스스로 해결하려는 미국인의 자조적 사회참여 정신, 그리고 개인의 자유를 최대한 보장받으려는 자유주의 철학이 자원봉사활동 정신으로 이어졌다.

2) 17세기~1940년대: 민간 차원의 자원봉사 구축기

종교 차원에서 비조직적으로 이루어지던 자선활동은 최초의 자선단체인 스콧자선협회(Scots Charitable Society)가 1657년 보스톤에 설립되고 고아원과 병원 등이 설립되면서 조직적으로 이루어지기 시작하였다.[6)9)]

1775년 독립전쟁은 전 국민을 자원봉사활동에 참여하게 만드는 계기가 되었다. 여성들은 이전까지는 성역할 규범에 따라 남성의 영역이었던 사회활동에 참여하지 않았지만 의료봉사, 전쟁물자 수집, 신문발간, 야전병원 방문, 민병대 조직 등의 자원봉사활동에 참여하여 사회활동을 증가시키기 시작했다.[10)11)12)]

남북전쟁(1861~65년) 후 19세기에는 적십자사(1881년) 등의 시민단체 창설이 증가하였고 자선기관, 기금 모금, 협회 등의 많은 민간단체가 설립되었다. 자선단체를 조정하기 위한 자선조직협회(Charity Organization Society, 1877년)가 버팔로에 만들어졌다.[11)12)13)14)]

이 무렵 중상류층에게 노블레스 오블리주(noblesse oblige)가 강조되었다. 대학교육을 받은 경제력을 가진 사람들이 활발하게 사회참여를 하였는데 특히 중산층 신여성들이 시민개혁에 앞장서서 인보관을 설립하는 등 다양한 활동을 전개하였다.[11)12)]

대표적으로 제인 아담스(Jane Addams, 1865~1936)는 영국의 토인비홀 인보관을 모델로 시카고에 1889년 헐하우스(Hull House)를 세웠다. 빈민구호와 교육, 여성의 노동조건 개선과 권리 향상 등에 힘쓴 제인 아담스는 1931년 노벨평화상을 수상하였다. 미국의 인보관운동은 영국과 달리 남성이 아닌 여성이 주축이 되어 일어났다.[9)15)16)]

20세기 초에는 보이스카웃(1910년), 걸스카웃(1912년)이 창설되고 YMCA, YWCA 등의 시민단체에서 다양한 시민활동을 전개하였다. 1926년에는 최초로 자원봉사사무국이 설립되어 모든 시민을 자원봉사의 대상으로 모집·배치하였다.

이를 계기로 자원봉사가 중상류층의 활동이라고 여겼던 사람들의 인식이 바뀌기 시작하였다. 1930년대 공황기에는 자원봉사 수요가 늘어나 시민단체에 의해 자원봉사센터가 운영되기 시작하였다.[2)6)]

3) 1950년대~1970년대: 정부 주도의 자원봉사 활성화기

미국이 자원봉사가 활발한 나라가 된 데에는 정부의 역할도 크게 작용하였다. 제2차 세계대전 후 강대국으로 부상한 미국 정부는 역할을 확대하며 학생의 반전운동, 흑인 인권문제 등에 대한 해결책으로 자원봉사활동을 적극 활용하였다.[17)18)19)20)]

자원봉사활동에 처음으로 개입한 케네디 대통령(1961~1963년)은 연방정부 차원에서 청년으로 구성된 평화봉사단(Peace Corps)을 조직하였다. 제3세계의 발전을 지원했던 이 봉사단은 우리나라에도 1966년부터 1981년까지 2천여명을 파견하였다.[19)20)21)22)]

존슨 대통령(1963~1969년)은 대공황이후 '빈곤과의 전쟁'을 선포하고 빈곤퇴치를 위한 자원봉사단(VISTA)를 창설하였다. 이 봉사단은 연방정부 주도하에 국가적 차원에서 조직된 자원봉사단체의 기본모델이 되었다.[2)9)20)21)]

닉슨 대통령(1969~1974년)은 자원봉사활동 특별위원회를 설치하여 연방정부가 지역의 민간 자원봉사단체를 지원하는 기능을 담당하게 하였다. 연방전담기구인 ACTION을 창설하였고 최초로 '국내자원봉사법'을 제정하였으며 전국자원봉사센터(NCVA)설립을 지원하였다.[9)20)21)]

카터 대통령(1977~1981년)은 전국자원봉사활동정보센터와 NCVA를 통합한 전국시민참여센터인 VOLUNTEER를 만들었다. VOLUNTEER에서는 자원봉사센터를 네트워크화하여 현대적 의미의 자원봉사센터 개념을 확립하였다.

4) 1980년대~현재: 민 · 관 협력에 의한 생활화기

1980년대 들어 미국은 경제위기를 맞아 연방정부의 지출을 줄이기 위해 지방정부의 책임을 늘리며 민·관이 협력하는 자원봉사활동을 전개하였다.[2)9)20)21)] 레이건 대통령(1981~1989년)은 '작은 정부'를 추구하면서 시민사회의 역할을 중시하였다. 대통령 직속으로 민간활동지원단을 구성하고 자원봉사 육성정책을 시행하였다.[9)18)23)]

부시 대통령(1989~1993년)은 전국 및 지역사회서비스법을 제정하여 주정부와 지역의 자원봉사활동에 대한 법적 지위를 강화하였다. 전국자원봉사센터와 합병하여 전국규모의 민간기구인 촛불재단(POLF)의 창설을 돕고, 자원봉사 정책 수립에 기업의 참여의식을 고취시켰다.[2)9)20)21)]

클린턴 대통령(1993~2001년)은 국가 및 지역사회서비스신탁기금법을 제정하고 연방 차원의 봉사활동 조직인 미국봉사단(AmeriCorps)을 만들었다. 봉사학습을 통한 지역사회 참여를 국민의 사회적 의무로 강조하며 봉사학습이 평생 자원봉사활동으로 이어지게 하는 기반을 마련하였다.[2)9)20)21)]

오바마 대통령(2009~2017년)은 '에드워드케네디 미국봉사법'을 제정하여 자원봉사프로그램을 단일 운영체계로 통합한 아메리코(AmeriCorps)의 민간 지원 규모를 확대시켰다. 연방, 주정부, 지역사회단체가 상호협력하여 주민의 자원봉사를 장려하게 하고 참여자에게 일정액의 현금 보상을 제공함으로써 자원봉사에 새로운 패러다임을 마련하였다.[2)24)35)36)]

8.3 한국의 자원봉사 역사

1) 전통사회의 자원봉사 정신과 상부상조 활동

(1) 전통사회의 가족과 국가의 역할

농경사회였던 전통사회의 사람들은 빈곤에 순응하며 살았다. 안빈낙도(安貧樂道)사상에서 볼 수 있듯이 가난하더라도 편안하게 도를 즐기며 정신 수양을 하는 것을 기품있는 생활로 여겼다. 관리들에게는 재물을 탐하지 않는 맑은 성품인 청렴이 덕목으로 강조되었다.

빈곤은 편안하게 여길 수 있는 것이었지만 노동은 고통스러운 것이었다. '일'을 했을 때 '고생(苦生)했다"라는 말로 보답하는 것에서 이러한 관념을 엿볼 수 있다. 일이 많은 것은 '큰일 났다'라고 하며 부담스럽게 여겼다. 서양에서 노력의 성과에 대해 'good job'이라는 칭찬의 말을 하는 것과는 대조적이다.

이러한 노동에 대한 생각은 조선시대 사농공상(士農工商)이라는 신분질서에서도 찾아볼 수 있다. 정신 수양을 하는 선비계층을 가장 높게 평가하였고 농업, 공업, 상업에 종사하며 노동하는 계층을 하대하였다.

따라서 자신의 생업을 이용하여 부(wealth)를 축적하는 것도 사회적으로 권장되지 않았다. '흥부전'에서 볼 수 있듯이 부는 부모로부터 물려받거나 제비 다리를 고쳐주는 것처럼 선행을 쌓은 덕(德)과 운으로 이루는 것이었다.

전통사회에서 빈곤이나 질병 등 문제가 있을 때는 가족의 도움으로 해결하였다. 농경사회의 가족은 친인척을 포함하는 대가족, 더 나아가서는 씨족 단위로 구성된 마을 공동체를 의미하였다. 가족구성원은 가족을 우선시하는 가족주의 가치관을 갖고 있었고 서로 돕는 책임감을 갖고 있었다.

친족망은 지역사회의 기반이면서 일종의 복지단체와 같은 역할을 하였다. 가족을 부양하는 것은 지역사회의 안정과 직결되었으므로 관청에서는 가족돌봄이나 가족 행사에 필요한 물품이나 인력 요청이 있으면 공(公)과 사(私)를 따지지 않고 제공하였다.[1)2)] 친족망과 교유관계를 통한 사적인 칭탁(稱託)은 양반상조(相助)의 관행으로 행해졌다.[3)]

16세기에 작성된 양반의 일기 '쇄미록'에서 손자에게 먹일 젖이 부족하자 태수에게 요청해 관비를 시켜 젖을 먹이게 하는 것을 볼 수 있다. 이 외에도 병 구환, 혼인 등에 필요한 용품과 인력을 관이나 관리에게 요청하여 받아 오는 것을 볼 수 있다. 19세기의 미암일기에서도 가족부양을 위한 생필품을 관리에게 사적으로 요청해서 지원받는 것이 적지 않게 나타난다.[4)5)]

한편 국가에서는 여러 구휼제도를 마련하여 재해로 인한 빈민과 이재민, 또는 가족이 없는 사람이나 가족이 치료하기 어려운 질병 퇴치를 지원하였다. 고대사회의 구휼제도에는 고구려의 진대법, 신라의 대곡환상 등이 있었고, 고려시대에는 의창과 상평창, 동서대비원, 조선시대에는 의창, 상평창, 동서활인원 등이 있었다.[6)7)]

(2) 마을 공동체의 상부상조 활동

마을 공동체에는 고대로부터 두레, 계, 향약 등의 상부상조 조직이 있어서 서로 도우며 살았다.[8)9)] 두레는 마을의 다리를 놓거나 경지를 경작하는 등의 공동작업을 위해 조직된 성인 남성 노동집단이었다.

오늘날의 자원봉사활동과는 다르게 마을 전체가 동원되어 의무적으로 참여해야 하는 강제성이 있었지만 노인 등 노동을 할 수 없는 사람에게는 무상으로 노동을 제공하는 자원봉사의 성격을 지니고 있었다. 성년식과 농악 문화도 발달시켰던 두레는 일제의 탄압과 토지소유 관계가 변하면서

사라지기 시작하였다.[10)11)12)]

계는 상호부조 등의 목적과 필요에 따라 구성되는 조직으로 농계, 혼사계 등 수백 가지가 존재할 만큼 보편적으로 이용되었다. 가입과 탈퇴가 비교적 자유롭고 재원을 공동으로 추렴하여 도움을 주고받았다. 근대 이후 계가 담당하던 기능이 은행 등의 공식적 조직으로 흡수되면서 감소하였다.[13)14)15)]

향약은 조선시대에 유교적 질서를 확립하고 서로 돕고 살기 위해 만든 향촌의 자치규약을 말한다. 중국의 여씨향약을 본받아 덕업상권(德業相勸), 과실상규(過失相規), 예속상교(禮俗相交), 환난상휼(患難相恤)이 향약으로 보급되었다. 병자를 대신해 농사를 짓고 고아를 보살피는 등의 상부상조 활동으로 공동체 유지에 기여하였다.[16)17)]

이러한 조직적인 상부상조 활동 외에도 도움이 필요한 이웃을 돕는 비조직적인 미풍양속이 적지 않았다. 노인을 돕는 풍속으로 겨울에 미꾸라지를 잡아 노인을 대접하는 도랑탕 잔치, 마을에서 노인들을 위해 선물과 음식을 마련하여 양로잔치를 벌이던 치계미 풍속이 있었다.[18)19)]

취약계층이 노약자를 돕는 풍속도 있었는데 가난한 사람들이 추어탕을 끓여 노인들에게 잔치를 베푸는 상치마당, 가을에 가난한 사람들에게 논물을 빼서 미꾸라지를 잡게 하면 이들이 노인들에게 공양하는 도구치레가 있었다.[20)9)]

빈자를 위한 미풍풍속으로는 밥을 지을 때 쌀을 조금씩 덜어 어려운 이웃을 돕는 좀도리, 가난한 사람이 쌀이 없을 때 부잣집 마당을 쓸어 알리면 집주인은 양식을 내주던 마당쓸이 풍습이 있었다. 배장이라고 하여 시골에서 공동으로 추렴하여 돼지를 잡으면 내장은 노인들이나 빈자들에게 나누어 주는 풍속도 있었다.[21)22)23)]

음식명과 지역명의 유래를 통해서도 자선적 미풍양속을 찾아볼 수 있다. 빈대떡은 흉년에 세도가에서 가난한 자에게 나누어주던 빈자떡에서 나온 말이고 녹번동이라는 지역명은 명절에 관리들이 가난한 자들을 위해 녹(祿: 녹봉)의 일부를 놓고 간 것에서 나왔다고 한다.[24)25)]

공덕을 쌓아 다른 사람을 이롭게 할 것을 권하는 미풍양속도 있었다. 이웃을 위해 냇물에 징검다리를 놓는 월천공덕, 헐벗은 사람을 도와주는 구난공덕, 굶주린 자를 돕는 걸립공덕, 아픈 사람을 돕는 활인공덕 등이 권장되었다.[26)27)]

(3) 의병 및 구국 활동

자원봉사 정신의 뿌리는 생명과 재산을 걸고 대가를 바라지 않고 헌신적으로 국가를 수호한 의병활동에서도 찾아볼 수 있다. 의병이란 국난을 당할 때 자발적으로 일어나서 적과 싸운 민병(民兵)을 말한다.[28)]

조선시대에는 임진왜란과 병자호란 중에 많은 선비와 승려, 주민들이 자원해서 의병활동을 하였다. 곽재우, 고경명, 정인홍 등의 선비와 승려인 서산대사, 사명대사가 활약하였고 진주성 싸움, 행주성 싸움에는 지역주민들이 전쟁에 참여하였다.[28)29)]

일제시대에는 항일투사로 안중근, 안창호, 이회영 일가, 김좌진 등 많은 사람들이 자발적으로 목숨을 걸거나 전 재산을 내놓으며 구국운동을 하였다. 이들의 이타적 정신과 활동이 현대에는 자원봉사활동으로 이어지고 있다고 볼 수 있다.[29)30)31)32)]

2) 1900년대~1950년대: 자원봉사 도입기

1900년대에 서양의 기독교 사상과 인도주의 사상을 바탕으로 설립된 비영리 단체에 의해 사회사업이 전개되기 시작하였다. 19세기 유럽과 미국에서 조직된 시민단체들이 국내에서 비영리적 활동을 하면서 자선 문화와 현대적인 의미의 자원봉사활동에 대한 개념이 도입되었다고 볼 수 있다.

1903년에 설립된 한국YMCA는 1844년 영국에서 결성된 개신교 단체 YMCA의 조직으로 농촌계몽사업과 4H클럽 청년운동을 전개하였다. 1905년에 결성된 대한적십자사에서는 1863년 앙리 뒤낭(Jean-Henri Dunant)이 인도주의 단체를 결성하며 창시한 적십자 운동의 정신을 이어받아 상병자 구호 활동을 시작하였다.

1922년 발족된 한국YWCA연합회는 1855년 설립된 영국의 기독교여자청년회 YWCA 가입단체로 여권신장 활동을 하였다. 자선단체도 1900년대에 나타나기 시작하였는데 1907년 통감부 통계연보 기록에 의하면 9개가 존재하였다.[33)34)35)36)]

선교사에 의해서도 사회사업이 이루어졌다. 1906년 우리나라 최초의 인보관이라 할 수 있는 반열방(The Class Rooms)을 원산에 설립한 감리교 선교사 놀스(Knowles, M.)는 교육사업 등을 펼쳤다.

1921년 미국 여성들의 헌금으로 설립된 태화여자관의 초대 관장 선교사 마이어스(Mayers: 마의수)는 여성교육, 모자보건사업 등 여성관련 프로그램을 실시하였다.

1909년 콥(Cobb, A.)은 성서학원을 설립하여 반열방을 흡수하는 한편 1926년 보혜여자관을 지어 영아휴양사업, 생활개선사업, 직업보도 사업 등의 사회사업을 실시하였다.[37)38)39)40)41)42)43)]

1910년 한일합병조약 이후 조선총독부에서는 교화사업으로 사회사업 활동을 전개하였다. 조선총독부의 내무부 지방국 지방과에 구휼 및 자선 사업 사무분장을 배치하고 1921년 민간의 조선사회사업연구회를 조직하여 사회사업 관련 교육, 선전 등의 행정보조 역할을 하게 하였다.

조선사회사업연구회의 회원은 일본인 관리들이었고 1929년 조선사회사업협회로 확대된 뒤 총독부에 흡수된 것으로 볼 때 내국인을 위한 사회사업을 했다고 보기 어렵다.[36)44)45)46)]

식민정책과 식민지 공업화로 빈곤이 심화되자 1927년 일제는 경성부에 서양의 자선조직협회와 유사한 방면위원제도를 도입하여 빈민 상태를 조사하고 구빈제도를 시행하였다.

1937년부터는 다수의 인보관을 설립하고 자원봉사자를 관에서 임명하며 관 주도의 교화 사업을 실시하였다. 일제강점기에 사회사업은 주로 시설보호로 이루어졌고 식민통치를 강화하는 데 이용되었다.[30)44)45)47)]

민간주도의 사회사업 활동으로는 학생이 주축이 된 계몽운동이 있었다. 1920년대에 독립을 위한 민중문화 운동으로 일어났던 브나로드(vanarod) 운동에서 학생들은 야학을 열고 문맹퇴치 활동을 하였다.

이 외에도 수원고등농립학교 학생들의 문맹퇴치운동, 조선일보사의 귀향 남녀학생 문자보급운동 등이 행해졌고 학생 중심의 계몽활동은 해방 후 농촌봉사활동으로 이어졌다.[48)]

6·25전쟁이 있었던 1950년대에는 외국의 구호사업이 전개되며 볼런티어의 개념이 전파되었다. 1950년 국제 구호개발기구인 월드비전이 미국선교사에 의해 설립되는 등 외국의 민간인 또는 비영리 단체에 의한 외원(外援)이 증가하였다.

1952년 한국외원단체협의회(KAVA)가 결성되고 외원이 적정하게 관리되어 사회복지 사업에 기여하도록 하기 위해 1963년에는 '외국민간원조단체에 관한 법'이 제정되었다.[49)50)51)]

3) 1960년대~1970년대: 자원봉사 확립기

1960년대는 경제개발 5개년 계획이 시행되며 산업화가 본격적으로 진행

되어 농경사회에서 산업사회로 변화가 시작된 시기이다. 복지공급의 역할을 수행했던 대가족과 마을공동체는 해체되기 시작하였다.

반면, 국가에서는 국민의 생존과 복지에 책임이 있다는 것을 법제도로 구체화하였다. 1961년 '생활보호법'을 제정하여 부양의무자가 없거나 부양의무자가 부양능력이 없는 자에게 생계를 지원하였다.

산업화는 빈곤과 노동에 대한 관념을 변화시켰다. 가난을 부끄럽게 여기며 좋은 직업을 갖고 출세하려는 열망이 높아졌다. 자녀의 대학교육을 위해 시골에서는 귀한 소를 팔아 교육을 시키고 도시에서는 부모들의 교육열이 치맛바람을 일으켰다.

이 시기에 미국에서는 뉴프런티어 정책의 일환으로 개발도상국의 사회발전을 돕는 평화봉사단을 구성하여 우리나라에도 파견하였다. 주로 학생들로 구성된 평화봉사단은 교육·의료 등 다양한 영역에서 자원봉사활동을 하며 생활을 개선하고 자원봉사활동으로 사회문제를 해결하는 것을 보여주었다.

1970년에는 빈곤을 극복하기 위한 정부정책으로 지역사회개발운동인 새마을운동이 전개되었다. '잘 살아보세'라는 구호 아래 지역주민의 근면, 자조, 협동 정신을 기반으로 조직된 새마을 방범봉사대, 새마을부녀회가 농촌의 주택개량, 공동작업장 운영 등을 실시하며 생활환경을 개선하고 소득을 증대시키는 데 기여하였다.

저임금의 노동집약적 산업으로 수출이 증가하면서 1970년대는 '한강의 기적'이라 할 정도로 경제가 성장하였다. 사람들은 가난에서 벗어나기 위해 장시간 노동에 몰입하였으나 노동자의 노동조건은 매우 열악하였다. 노동문제와 도시빈민의 문제에 관심을 갖는 학생과 시민단체가 야학 등으로 민중운동을 전개하였다.[52]

시민과 시민단체, 학생들의 사회참여활동이 증가하면서 자원봉사에 대한 체계적 교육이 시작되었다. 1978년에 한국사회복지협의회가 사회봉사 안내소를 개설하여 자원봉사자를 교육 후 배치하였고 1979년에 자원봉사론이 강남대학교 사회사업학과에 최초로 개설되었다.[18)48)53)]

4) 1980년대 이후: 자원봉사 확대기

1980년대는 높은 경제성장을 이어가며 개방정책을 펼친 시기이다. 외국의 원조를 받았던 우리나라는 1980년대 중반부터 다른 나라에 해외원조를 제공하는 나라가 되었다.

1990년에는 외교통상부 산하기관인 한국국제협력단(KOICA)에서 해외봉사사업 프로그램을 실시하며 세계 여러 나라에 자원봉사자를 파견하였다.[54)55)56)]

민주화운동이 학생과 노동자 등 민중에 의해 전개되었던 1980년대에 자원봉사도 시민활동으로 대중들에게 인식되기 시작하였다. 1984년 한국여성개발원에 자원봉사 인력은행이 설치되었고, 1985년 자원봉사단이 조직되어 1986년의 아시안게임을 지원하였다. 1988년 서울올림픽은 전국적으로 자원봉사를 확산시키는 분기점이 되었다.[47)8)]

1990년대에는 자원봉사단체와 센터들이 설립되며 본격적으로 자원봉사가 실시되었다. 1991년 한국자원봉사연합회가 창립되고, 한국자원봉사단체협의회가 1994년 설립되었다.

1995년 중고교생의 자원봉사활동이 교육과정에 도입되었으며 1996년부터 행정자치부에서 자원봉사센터를 시범운영한 이후 전국적으로 각 지방자치단체에 자원봉사센터가 설립되었다.

세계적으로는 소련체제의 붕괴로 냉전시대가 종결되며 해외교류가 증가하였다. 시민들이 자발적으로 설립한 NGO(Non-Governmental Organization)와 NPO(Non-Profit Organization)를 중심으로 국외의 자원봉사활동이 이루어지기 시작하였다.

NGO는 제 3섹터 영역의 비정부기구로 정부가 접근하기 어렵거나 해결하기 어려운 국내외 문제를 해결하였는데 국내에서는 최초로 1989년 기아대책이 창립되어 국내외에서 구호사업을 펼쳤고, 1991년 설립된 굿네이버스도 국제구호사업을 펼쳤다.[57)58)]

이 시기에 공권력과 정부보조금에 의존하지 않고 영리적 활동을 하지 않는 비영리민간기구인 NPO도 설립되며 시민단체의 자원봉사활동이 증가하였다.

경제적 공익을 추구하는 시민운동을 하는 경제정의실천연합(경실련)가 1989년 조직되었고, 사회 약자와 민주사회 건설을 위한 사업을 전개하는 참여연대가 1994년 구성되었다.[59)60)]

1997년 IMF 경제위기로 실업자가 증가하고 중산층이 몰락하자 국가는 빈곤에 대한 책임을 강화하였다. 1999년 '국민기초생활보장법'을 공포하였고 수급자의 자립을 촉진하는 생산적 복지 정책을 실시하였다.

2000년대에는 자원봉사활동이 지역사회복지의 중심이 될 수 있게 하는 기틀이 마련되었다. 2001년 사회복지자원봉사 인증관리 DB시스템이 구축되어 인증관리사업이 시작되었고, 2005년 '자원봉사활동 기본법'이 제정되어 자원봉사활동 진흥을 위한 국가기본계획이 수립되기 시작하였다.

2008년 글로벌 금융위기 이후에는 글로벌 경제의 불확실성이 높아지며 경제성장이 둔화되고 실업문제, 소득양극화, 노인문제, 다문화 문제 등 다양한 사회 이슈가 제기되었다. 이러한 사회문제 해결에 민·관 협력에 의한 자원봉사활동이 활용되었다.

코로나19 이후에는 SNS와 AI 등 제4차 산업혁명 기술을 바탕으로 비대면 서비스와 개인별 맞춤서비스 제공이 증가하였다. 온라인을 이용하는 가상자원봉사(Virtual Voluteering)와 자원봉사자가 개별적으로 참여하는 마이크로 볼런티어(Micro Volunteer)가 새로운 자원봉사활동 유형으로 나타났다.[61]

탐구 및 토의주제

- 영국의 자원봉사활동 참여 실태와 최근의 자원봉사 정책을 조사해 보십시오.
- 미국의 자원봉사활동 참여 실태와 최근의 자원봉사 정책을 조사해 보십시오.
- 영국과 미국의 역사가 주는 시사점에 대해 기술해 보십시오.
- 한국의 자원봉사 실태를 조사하고 해외자원봉사 사례를 조사해 보십시오.
- 제 4차 산업혁명 기술의 발달을 이용한 자원봉사활동 사례를 조사해 보십시오.

CHAPTER 9

자원봉사자의 유형과 특성

자원봉사활동에는 누구나 나이, 직업 등 배경에 관계없이 참여하므로 참여율을 높이려면 자원봉사자의 유형별로 특성을 고려해야 한다. 이 장에서는 자원봉사활동 참여율이 높은 학생·청소년, 전문성이 높은 기업과 직장인, 필요성이 높은 노인, 요구가 높은 다문화인으로 유형을 분류하고 이들의 특성에 따른 활성화 방법에 대해 살펴본다.

CONTENTS

9.1 학생·청소년 자원봉사자

'자원봉사법'에서는 "학교는 학생의 자원봉사활동을 권장하고 지도·관리하기 위하여 노력한다"고 특별히 학생들의 자원봉사활동을 장려한다. 중·고등학생의 자원봉사활동은 1995년부터 인성 및 창의성을 함양하는 교육과정의 일환으로 학교생활기록부에 반영되기 시작하였다.[1)2)3)4)]

자원봉사자 중 가장 자원봉사활동 참여율이 높은 인구집단은 13세 이상 20세 미만의 학생·청소년 집단이다.[5)] 교육과정으로 실시되어 강제성을 띄고 있기는 하나 지역사회의 복지욕구를 충족시키고 문제를 해결하는 데 있어 학생·청소년들의 기여는 매우 크다고 볼 수 있다.

청소년기는 자아정체감을 확립하고 직업능력을 갖추어 성인기를 준비하는 시기이다. 급격한 신체와 정서 변화가 일어나 불안정해지기 쉽고 전두엽의 발달이 늦게 이루어지는 특징을 보인다. 사회적 규범과 개인적 가치 사이에서 갈등을 겪으며 도덕적 퇴행을 보이기도 한다.[6)7)]

이러한 시기에 청소년들은 자원봉사활동을 함으로써 신체적·정서적인 문제를 극복할 수 있고 문제해결력 등 사고력을 키울 수 있다. 자신의 역할과 자아정체감을 확립할 수 있으며 사회문제를 해결하면서 사회정의를 추구하여 도덕성을 높일 수 있다.

정서적 문제와 발달 문제를 겪었던 그레타 툰베리(Greta Thunberg, 2003~)가 기후변화에 관심을 갖고 세계적인 환경운동가로 성장한 사례는 이러한 효과를 보여준다.[8)9)]

오늘날의 청소년들은 제 4차 산업혁명의 시대를 살아간다. 방대한 데이터를 기반으로 여러 영역이 융합되어 창조적인 상품과 서비스가 생산되는 시대로 창의성과 의사소통 능력, 협업 능력, 리더십, 문제해결 능력이 직무능력으로 요구된다.[10)]

제러미 리프킨(Jeremy Rifkin, 2000)은 인터넷으로 연결되는 접속의 시대에는 고객을 감동시키는 서비스의 차별화가 중요해진다고 하였다. 소유의 시대였던 산업사회에서는 판매수를 올리는 것이 마케팅 전략이었지만 접속의 시대에는 고객이 선호하는 선(善)과 미(美)로 감동을 제공하는 것이 핵심 전략이 된다는 것이다.[11)12)]

학생들은 이러한 역량을 자원봉사활동을 통해 실제적으로 배양할 수 있다. 학습한 지식과 기술을 창의적으로 현실에 적용시켜 볼 수 있고 다양한 사람을 만나 경청하고 공감을 표현하는 의사소통 능력을 길러 감성 서비스를 제공할 수 있다. 여러 분야에서 활동해 봄으로써 직업기술을 배우고 문제해결력과 리더십, 협업 능력을 키울 수 있다.[13)14)]

단순 반복적이거나 수동적인 활동 또는 실적을 중시하며 비체계적으로 이루어지는 활동, 시대적 욕구를 반영하지 못하는 프로그램으로는 학생들의 자원봉사활동 만족도를 높이기 어렵다.[15)16)]

지역사회나 전문적인 직업영역에서 문제를 찾아 창의적으로 해결책을 모색하고 실천해보게 하는 질적으로 향상된 자원봉사 프로그램을 개발하는 것이 필요하다.[16)17)]

청소년은 신체적으로 뼈의 성장이 급격히 일어나는 시기이고 생체시계가 성인보다 2시간 정도 늦은 특성이 있다. 봉사학습을 하는 동안 신체적으로 편안한 자세를 취할 수 있도록 공간과 가구를 마련해 주고, 이른 아침 시간에 활동하는 것은 수면에 지장을 주므로 이를 고려하도록 한다.

봉사학습이 무계획적이고 즉흥적인 일회성의 활동이나 수행빈도에 역점을 두는 활동이 되지 않도록 체계적으로 준비→실행→평가→인정의 단계별로 지도해서 효과성을 높이는 것도 필요하다.[2)3)7)14)]

9.2 기업 및 직장인 자원봉사자

기업의 자원봉사활동은 기업의 가치를 창출하는 활동으로 1970년대 미국에서 시작되었다. 우리나라에서는 1994년 조직된 삼성사회봉사단으로부터 시작되어 2010년에는 거의 모든 대기업이 기술전수 봉사, 교육 봉사 등의 자원봉사활동을 실시하는 정도로 발전하였다.[18)19)]

기업에서는 직원의 자원봉사활동을 진작시키기 위해 유급휴가를 지원하기도 하고 복지재단이나 전담 부서 등을 만들어 사회공헌 사업을 펼치기도 한다. '자원봉사법'에서도 특별히 직장의 자원봉사활동을 장려하고 있다.[1)]

기업의 자원봉사가 본격화되기 전 기업의 역할은 상품과 서비스를 생산해서 이윤을 창출하고 일자리를 제공하는 것이었다. 그러나 최근에는 자원봉사활동을 통한 사회적 공헌도 기업의 주요한 역할로 보고 있다.

ESG경영에서는 환경보호(Environment)·사회공헌(Social)·윤리경영(Governance)을 강조하며 기업의 자원봉사를 경영활동 전략으로 발전시키고 있다.[20)]

기업은 다른 조직에 비해 상대적으로 인적 물적 자원이 풍부하고 전문적인 자원봉사활동을 할 수 있는 장점을 갖고 있다. 기업은 이러한 장점을 이용하여 자원봉사활동을 함으로써 다음과 같이 기업과 지역사회의 공존을 도모할 수 있다.[2)13)14)21)]

첫째, 사회가 직면한 실업, 빈곤, 환경오염 등의 다양한 문제를 해결하는 데에 혁신적인 아이디어와 실질적인 도움을 제공하여 지역사회의 삶의 질을 높일 수 있다.

둘째, 직원들의 리더십과 기술력을 증대시킬 수 있고 협력하는 조직문화를 형성할 수 있으며 직원의 사회문제에 대한 이해를 높여 기업의 역량을 키울 수 있다.

셋째, 기업의 사회적 가치를 높여 소비자의 신뢰를 얻을 수 있고, 홍보의 효과로 경쟁력을 높이며 기업의 이미지를 제고시킬 수 있다. 기업이 위기에 처했을 때 지역사회의 지지를 얻어 지속가능한 기업을 만들 수 있다.

기업뿐 아니라 다양한 분야의 전문가들도 자신의 업무와 관련된 지식과 기술을 이용하여 자원봉사활동을 한다. 이러한 공익활동을 프로보노(pro bono publico)라 부르기도 하는데,[18)19)] 변호사가 무료로 빈곤한 시민을 상담하거나 판사가 청소년 범죄자를 돕는 활동을 하고 의사가 노숙인을 돕는 것과 같은 활동이 행해지고 있다.[22)23)24)]

전문직 종사자나 직업인은 지역사회 문제에 관심이 있는 사람으로 인식되고 싶어하는 경향이 있다.[2)] 사회에 공헌해야 한다는 도덕적 부담감을 지니고 있어서 자원봉사활동에 대한 욕구가 크다고 볼 수 있다. 기업과 전문가의 관심과 욕구에 맞는 프로그램 개발로 이들의 사회 기여를 증가시킬 수 있을 것이다.

9.3 노인 자원봉사자

기대수명이 높아지고 출산율이 감소함에 따라 노인 인구의 비중이 증가하고 있다. 노인이 되면 신체기능의 감퇴, 직업 및 역할의 상실, 사회적 활동과 대인관계의 축소로 자신을 무가치하고 무력한 존재로 인식하기 쉽고 우울감이 높아지게 된다.

이러한 노년기에 자원봉사활동을 함으로써 노인은 삶의 보람을 느끼고 자신의 가치를 인정받을 수 있다. 자기계발의 기회도 가질 수 있고 역할을 부여받아 소외감과 고독감을 해소할 수 있으며 존경과 인정을 받음으로써

절망감을 극복하고 통합된 인생을 만들 수 있다.[2][13][14]

노년기의 시간활용에 대해 '활동이론'에서는 여러 활동에 참여하는 것이 자아실현과 정신적 안정을 높여준다고 주장한다. 중년기에 수행했던 역할과 일을 지속적으로 수행하는 것이 행복한 노년기의 조건이라고 '지속이론'은 말한다. '노년문화이론'에서는 노인들은 여가를 통해 노년문화를 형성시키고 발전시킬 수 있다고 주장한다.

'지속이론'이나 '노년문화이론'과 달리 '사회유리이론'에서는 심리적 안락감을 위해 사회활동에서 유리되어 휴식으로 죽음을 준비하는 것이 필요하다고 말하기도 한다.[25][26]

강도 높은 생업으로 소진된 노인을 제외하고는 대부분의 건강한 노인들은 자원봉사활동을 통해 해오던 역할을 계속 수행하고 사회공헌을 할 수 있다.

이러한 사례는 은퇴한 공학자가 장난감 수리를 하거나 은퇴한 출판업자가 지역주민의 자서전을 써주고 은퇴한 선생님이 다문화가정의 자녀학습을 돕는 것에서 찾아볼 수 있다.

아프리카 속담에 '노인 한 사람이 죽으면 도서관 하나가 불타는 것과 같다'는 말이 있다.[27] 노인 한 사람 한 사람이 도서관과 같은 지식과 경험을 갖고 있다는 의미이다.

미국의 '점심먹자(let's do lunch)'프로그램에서 직장인들이 점심시간에 독거노인에게 점심을 배달해 주고 직장인은 노인에게 고충을 상담하게 하였더니 직장인은 삶의 지혜를 얻고 노인은 자신의 가치를 발견해 자존감이 높아졌다고 한다.[28]

오랜 시간 쌓아온 지혜를 자원봉사활동을 통해 나눌 경우 지역사회의 문제도 해결하면서 노인은 도움을 받는 자에서 도움을 줄 수 있는 자가 되어 자신의 삶에 자부심을 가질 수 있게 된다. 노인의 지식과 경험을 활용하는 프로그램을 개발하고 지원하는 것은 노인의 성공적인 노화를 위해 필요하다고 볼 수 있다.

또한 노인의 자원봉사활동을 사회적 기업 등의 사회적 경제로 육성하면 노인의 빈곤문제도 해결할 수 있다. 노인의 전문적인 자원봉사활동을 발굴하여 수익을 창출할 수 있도록 노인 자원봉사 관리 전문가를 양성하는 것도 생각해 볼 수 있다.[29)]

9.4 다문화인 자원봉사자

인종과 문화의 경계를 허무는 세계화의 영향으로 국제결혼을 통한 결혼 이민자와 외국인 노동자의 유입이 증가하였다. 21세기의 글로벌화는 교통 수단의 발달로 규모가 전 세계로 확장되고 이동자들의 민족적 문화적 특성이 다양해졌다는 특징을 보인다.

우리나라에 많은 외국인 노동자와 결혼이민자가 유입되기 시작한 것은 1980년대 이후 경제규모가 커지면서부터이다. 전통적으로 단일민족으로서의 문화를 가지고 있었으나 결혼 이주여성이 증가하고 다문화가정의 자녀가 증가하면서 사회통합에 대한 요구가 높아지고 있다.

이민자가 주류문화에 정착하고 적응하도록 돕는 방법에 대해서는 다문화 국가인 미국에서 여러 이론으로 제시되어 왔다. 1920년대에는 이민자가 주류사회에 동화되면 인종문제가 해결될 수 있다는 동화이론(Park & Burgess, 1921)이 지배적이었다.[30)31)]

이 이론에 따라 하위문화나 소수 문화를 가진 이민자는 주류사회의 우월한 지배문화에 동화되는 것을 이상으로 삼았다. 그러나 이민자가 자신의 생활방식, 언어 등을 포기해야 하는 문제, 주류사회가 이민자를 동등하게 받아들이지 않는 문제, 이민자가 주류문화에 접근할 기회가 제한되어 있는 문제, 지배문화와 소수 문화 간 갈등이 발생하는 문제가 있었다.[31)32)]

이런 문제로부터 문화다원주의(cultural pluralism)가 제시되었다. 문화다원주의는 각 문화와 언어의 정체성과 특성을 유지하면서 주류사회에 이바지할 수 있도록 서로의 협조와 조화를 추구하였다. 이민자에게 이상적인 모델이었지만 이민자는 자신의 문화를 각자 지켜야 했기 때문에 현실적으로는 조화를 이루기 어려운 한계가 있었다.

다수의 문화가 공존하기 위해서는 적극적으로 문화의 차이를 고려하고 소수자의 권리를 적극적으로 존중하는 규범과 정책이 필요했다. 이에 따라 공존을 인정하고 정책적으로 차별을 금지하며 소수집단의 언어적 문화적 행동을 보장하면서 소수문화와 이민자를 권리의 주체자로 보는 다문화주의(multiculrualism)가 제시되었다.[31)32)33)]

결혼이민자는 언어문제, 문화의 차이, 사회적 참여 기회 부족 등으로 이중 삼중의 어려움을 겪는다. 다문화가정의 자녀는 언어지체, 학교부적응, 따돌림 등의 문제를 겪고 외국인 근로자의 경우 열악한 노동환경, 체류의 문제를 겪기도 한다.

이들의 적응과 문제해결을 돕기 위해 한국어 교육, 검정고시 지원, 다문화부모교육, 건강증진활동, 직업교육, 아동대상 학습멘토링, 상담, 통역 등의 영역에서 자원봉사자를 필요로 한다.

다문화인을 대상으로 자원봉사활동을 하는 자원봉사자는 성숙한 문화의식과 높은 감수성으로 다문화를 이해하고 존중하는 태도를 지니도록 한다. 고유문화를 표현할 수 있는 환경을 조성해주고 차별적 언행을 삼가며 이중 언어를 사용할 수 있는 권리를 인정하는 것이 바람직하다.

다문화인들은 자원봉사활동에 대상자로서뿐 아니라 주체자로 참여하기도 한다. 지역사회의 독거노인을 위한 요리를 만들어 돕기도 하고 인식 개선에 지도사로 참여하거나 통역을 하는 등의 자원봉사활동에 참여한다.[34)]

다문화인의 적응을 지원하는 자원봉사 프로그램도 필요하지만 다문화인이 주도적으로 참여할 수 있는 자원봉사 프로그램을 개발해서 기회를 제공하는 것도 필요하다. 자원봉사활동으로 자연스럽게 상호교류를 증가시키면 지역사회와의 통합도 원활하게 이룰 수 있을 것이다.

탐구 및 토의주제

- 학생의 자원봉사활동 실태를 조사해 보십시오.
- 기업의 자원봉사활동 사례를 조사해 보십시오.
- 노인들의 자원봉사활동 실태를 조사하고 활성화 방안을 모색해 보십시오.
- 다문화인이 주체가 되는 자원봉사활동 사례를 조사해 보십시오.

CHAPTER 10
자원봉사 관리

이 장에서는 자원봉사 관리자가 업무를 효율적으로 수행하기 위해 고려해야 하는 관련기관과 직무에 대해 학습한다. 자원봉사 관리와 자원봉사 관리자의 개념, 자원봉사를 관리하는 국가와 지방자치단체, 자원봉사센터, 자원봉사단체의 역할, 자원봉사 관리자의 역할과 직무, 갈등관리에 대해 살펴본다.

CONTENTS

10.1 자원봉사 관리와 자원봉사 관리자의 개념

자원봉사 관리란 자원봉사가 일상의 문화로 자리 잡아 긍정적인 사회 변화에 기여할 수 있도록 지원하고 촉진하는 과정을 말한다(한국자원봉사협의회 외 12기관, 2018).[1)]

지역사회의 복지욕구와 문제를 자조적으로 해결하는 자원봉사활동이 일상적인 활동이 되도록 지원하기 위해서는 이를 체계적으로 관리하는 것이 필요하다.

자원봉사 관리자는 자원봉사를 활성화시키는 데 필요한 전문 지식과 역량을 가진 자로 이러한 업무를 수행하는 자를 말한다. 한국자원봉사협의회(2023)에서는 넓은 시각, 공공과 개인, 자원봉사섹터를 폭넓게 보는 시각을 가진 전문가라고 정의한다.[2)]

자원봉사 관리 기관 및 조직에는 어떤 종류가 있고 어떤 역할을 수행하는지 그리고 자원봉사 관리자의 역할과 직무는 무엇인지, 어떤 자질을 갖추어야 하는지 살펴보면 다음과 같다.

10.2 자원봉사 관리 기관 및 조직

1) 국가와 지방자치단체

국가와 지방자치단체는 자원봉사활동 진흥에 관한 시책을 마련하고 국민의 자원봉사활동을 권장·지원하며 민간과 연계하여 네트워크를 구축해서 자원봉사를 체계적으로 관리한다.

중앙행정기관의 장은 자원봉사활동 진흥의 기본방향, 추진시책 및 재원 조달방법 등에 관한 기본계획을 5년마다 수립하고 중앙행정기관의 장과 지방자치단체의 장은 기본계획에 따라 연도별 시행계획을 수립한다.[3]

중앙행정기관 및 민간 전문가로 구성된 자원봉사진흥위원회에서는 자원봉사활동에 관한 주요정책과 자원봉사활동의 진흥을 위한 국가기본계획, 연도별 시행계획에 관한 사항 등을 심의한다.[4]

대규모의 자원봉사활동이 요구되는 재난이 있을 때는 '재난 및 안전관리 기본법'에 따라 시군구에 통합자원봉사지원단이 설치 운용되고, 시도에서는 지원단을 구성하여 인력 및 예산 등을 지원한다.[5]

국가와 지방자치단체는 자원봉사자가 안심하고 활동할 수 있도록 보험 또는 공제에 가입할 수 있다. 자원봉사센터 또는 '비영리민간단체 지원법'에 의해 등록된 단체에 소속한 자원봉사자와 타인의 신체 또는 재물손괴에 대해 보호한다.[6]

12월 5일을 자원봉사자의 날로 정해 자원봉사활동을 권장하고 국가와 사회에 현저한 공로가 있는 자원봉사자와 자원봉사단체를 발굴하여 포상하기도 한다.[7][8]

2) 자원봉사센터

자원봉사센터에서는 자원봉사 네트워크를 이용하여 자원봉사자와 자원봉사 수요처를 모집하고 적재적소에 배치하며 수급을 조절하고 자원봉사자 등록과 기록을 관리한다.

민간 주도의 자원봉사를 장려하고 자원봉사자 교육 및 훈련, 자원봉사 사업과 프로그램 개발, 재난대응 통합자원봉사지원단 운영, 조사 및 연구 활동 등을 수행한다.

특별시· 광역시· 도와 시·군·자치구에 자원봉사센터가 있고 한국자원봉사센터협회가 전국의 자원봉사센터간 정보교류 및 유기적 협력체계를 지원하고 조정하는 역할을 수행한다.[9)]

3) 자원봉사단체와 한국자원봉사협의회

자원봉사단체에서는 자원봉사활동을 주된 사업으로 행하거나 이를 지원한다. 사회복지관, 봉사동아리, 협회, 병원, 시민단체 등이 중심이 되어 조직된다.[10)]

전국 자원봉사단체를 총괄하는 대표기구로는 '자원봉사법'에 근거하여 설립된 한국자원봉사협의회가 있다. 법인으로 회원 단체 간 협력 및 사업 지원, 정책 개발 및 조사·연구 등을 수행하고 전국 단위의 자원봉사활동을 진흥·촉진한다.[11)]

10.3 자원봉사 관리자

1) 역할과 자질

자원봉사 관리자는 자원봉사자 모집과 감독 등의 자원봉사 직무에 종사하면서 자원봉사활동의 질을 높이고 활성화시키는 방법을 강구하며 다음과 같은 역할을 수행한다.[12)13)14)]

자원봉사에 관한 서비스와 요구를 조정하는 조정자의 역할. 자원봉사자를 훈련하고 수행을 지도·평가하는 훈련자의 역할, 지역사회와 연계하는 연계자 역할, 복지대상자의 욕구를 대변하는 대변자의 역할을 수행한다.[2)]

이러한 역할을 수행하기 위해 자원봉사 관리자에게는 여러가지 자질과 역량이 요구된다. 국제자원봉사관리협회(AVA, Association for Volunteer Administration, 2023)에서는 윤리의식 등의 전문성과 리더십, 관리, 기획, 인적자원관리 능력을 핵심 역량으로 제시하고 있다.[15)]

자원봉사 관리자는 역할을 수행함에 있어 윤리강령(한국자원봉사협의회 외 12기관, 2018)을 준수할 것이 요구되는데 수호해야 하는 윤리적 가치에는 다음과 같은 것이 있다.[1)]

- **시민성**: 자원봉사 관리자는 더 많은 시민들이 자원봉사 활동의 기회를 충분히 누리도록 안내함으로써, 스스로 사회적 문제와 욕구 해결에 기여하는 시민임을 인식한다.
- **성장과 변화**: 지식과 기술을 갖춘 전문가로서 모든 이해관계자와 함께 상호 성장하고 변화함으로써 시민사회 발전에 이바지한다.
- **자율과 공평**: 자원봉사의 정책과 실천 현장에서 자율성을 최우선 가치로 두며, 자원봉사가 지닌 공공성에 걸맞는 책임성을 가질 수 있도록 공평한 자원봉사 환경을 제공한다.
- **개방과 연대**: 다양한 주체 및 영역과 연결될 수 있는 열린 자세를 가지고, 정부 · 기업 · 시민사회의 다양한 주체와 영역 간의 적극적인 협력을 이끌어낸다.

2) 직무

자원봉사 관리자가 수행하는 직무에는 네트워크 구성과 연계활동, 모집과 안내, 교육과 감독, 프로그램 및 직무개발, 업무수행과 처우, 인정과 보상, 성과관리, 평가가 있다.[12)13)14)]

(1) 네트워크 구성 및 연계활동

자원봉사 관리자는 자원봉사자와 수요처를 모집하고 지역사회 문제와 필요한 정보 및 이용가능한 인적 물적 자원을 조사하며 네트워크를 통해 연계하여 문제를 해결한다.

자원봉사 네트워크에는 1365자원봉사포탈, 사회복지자원봉사 인증관리시스템(VMS), 청소년자원봉사 DOVOL, 자원봉사활동에 대한 기록물 등을 보관·관리하는 자원봉사 아카이브 등이 있다.[16)][17)]

네트워크 관리자는 정보를 공유하고 경청하며 구성원을 지지하는 역량과 상호작용 관계를 파악해서 상호호혜를 바탕으로 연결하는 맵핑(mapping) 능력이 필요하다. 네트워크 이용에 계층 또는 세대 간 차이가 발생하지 않도록 디지털 역량 교육을 실시 하는 등의 지원방법도 강구하도록 한다.

정보화 사회에서는 네트워크의 구성원이 많아질수록 네트워크의 가치가 기하급수적으로 커진다. 그러나 신용을 잃으면 그만큼 폐해도 회복하기 어려울 정도로 커지므로 신뢰성을 잃지 않도록 책임성을 갖고 네트워크와 연계활동을 관리하도록 한다.

(2) 모집과 배치

자원봉사 관리자는 업무의 목적과 내용에 맞는 자원봉사자를 모집한다. 모집 규모를 결정하고 모집 방법, 홍보 메시지와 모집 시기를 결정한다. 모집 홍보는 자원봉사센터나 1365자원봉사포털을 이용하고 SNS, 홈페이지, 전화, 방문, 포스터 게시를 활용한다.

모집방법에는 특정인 대상의 표적 모집, 관련이 있는 사람으로부터 시작해서 모집을 확산해 가는 동심원 모집, 연계된 사람이나 기관으로부터 모집하는 연계성 모집 등 여러 가지가 있다.

접수할 때는 활동분야, 기간, 시간 등을 파악하여 등록대장에 기록하고 업무의 목적, 시간, 빈도, 일시, 기간, 네트워크 가입 등에 대해 안내하며 개인정보 보호에 유의한다.

배치할 때는 자원봉사자의 봉사경험, 분야별 전문성, 성별, 연령, 성격 등의 특성을 고려하고 자원봉사자가 과로하지 않도록 활동시간이 일일 8시간이 넘지 않게 하며 휴식시간을 고려하여 배치한다.

(3) 교육과 감독

오리엔테이션을 실시할 때는 자원봉사활동의 목적과 내용, 대상자의 특성, 장소, 관련 정책 및 제도, 필요한 지식과 기술, 담당직원, 안전수칙 및 안전준수 서약, 보험, 비상연락망, 복장과 장비, 휴식시간과 장소에 대해 안내하고 교육한다. 인권 존중과 차별금지, 폭력예방, 개인정보보호, 응급처치법에 대한 교육도 실시한다.

감독을 할 때에는 자원봉사활동에 대한 규정과 지침, 관련법을 알려주며 위임과 통제의 정도, 책임과 권한을 알리고 자원봉사활동 과정을 점검하며 자원봉사자가 갖고 있는 잠재력을 지원하고 임파워먼트 시킨다.

(4) 프로그램 및 직무개발

개인, 단체, 학생, 노인, 기업 등 유형별 특성에 맞는 자원봉사활동 프로그램을 개발한다. 다른 직원과의 소통을 통해 자원봉사가 필요한 업무에 대한 정보를 수집하고 새로운 직무를 개발한다.

프로그램을 기획할 때는 지역사회의 문제와 필요성을 명확히 기술하고, 문제해결을 위한 목표, 내용, 수행 방법, 예산을 고려하여 작성한다. 기획에 자원봉사자를 참여시키거나, 자원봉사자에게 프로그램을 공모하면 책임감을 높일 수 있다.

(5) 업무집행과 처우개선

자원봉사활동 프로그램의 계획과 실행에 관한 공문서를 작성하고 집행하며 기록 자료를 수집·관리하고 개인정보와 비밀을 보호한다. 소식지 등 회보를 발간한다. 예산과 자원봉사실, 기자재 등을 확보하며 급식이나 간식 등을 지원한다.

자원봉사자가 소속감을 가질 수 있게 명찰이나 신분증을 발급한다. 활동에 따른 지위를 부여하며 직원과 동등하게 대우한다. 간담회나 위원회 등에 참여하여 직원과 상호작용할 수 있게 한다.

(6) 자원봉사활동의 성과관리

자원봉사 관리자는 자원봉사활동의 물리적인 환경과 조건을 효율적으로 만들어 자원봉사자의 성과를 높일 수 있다. 활동의 양과 시간, 동작을 고려하고 표준화하며[18] 계획, 조직, 조정, 통제의 절차와 규칙을 만들어 생산성을 높이도록 한다.[19)20)]

자원봉사자의 정서적·심리적 욕구 등 인적 요소에 관심을 갖는 것도 성과 관리에 필요하다. 인간관계에 대한 욕구를 충족시키며 자발성과 창의성을 발휘할 수 있게 한다.[21] 참여자의 참여 태도를 파악하여 적합한 관리 전략으로 성과를 높이도록 한다.[22]

(7) 인정과 보상

자원봉사자가 적극적으로 참여하도록 인정과 보상에 대한 규정과 방법을 마련하도록 한다. 수행 결과물이나 사진을 전시하여 성과를 알게 하며 마일리지 등 실적을 쌓게 한다. 인정과 보상을 위한 새로운 방법을 개발한다.

자원봉사 실적 입력 및 확인서를 발급하고 자원봉사자가 기대하는 보상을 받을 수 있도록 욕구를 조사하고 이에 적합한 보상을 마련한다. 성취를 기대하는 자원봉사자에게는 우수상을 주고 인정을 기대하는 자에게는 감사패를, 추억을 기대하는 자에게는 기념사진을 제공하는 등 원하는 보상을 받을 수 있게 한다.

(8) 평가

자원봉사자에게 일일 보고서를 작성하게 하고 보고를 받으며 슈퍼비전을 제공한다. 정기적인 간담회를 갖고 일정을 안내하며 개선과 피드백을 제공한다. 성과를 칭찬해주고 기능과 능력을 향상시키도록 지지해준다.

자원봉사가 종료되면 평가결과에 대한 보고서를 작성하고 미담사례 등을 홍보한다. 기관 관계자가 참여하는 평가회를 개최하여 결과가 개선될 수 있게 한다.

10.4 갈등관리

1) 갈등의 유형

갈등이론에 따르면 구성원 간에는 항상 갈등이 존재한다. 희소한 자원 때문에 서로 대립하거나 경쟁하게 되면 조직의 불안정성이 증가하고 스트레스를 증가시켜 원하는 성과를 이루기 어렵다.

자원봉사 관리자는 업무 효율을 높이고 자원봉사자의 참여 의지가 저하되지 않도록 갈등을 관리하는 것이 필요하다. 갈등은 자원봉사자와 관리자 간에 또는 자원봉사자 간에, 자원봉사자와 대상자 간에 발생할 수 있다.[23)24)]

자원봉사자와 관리자 간의 갈등은 자원봉사자가 대상자로부터 더 많은 관심을 받을 때 또는 관리자가 자원봉사자를 무시하거나 가치를 인정해 주지 않을 때 발생할 수 있다.

관리자는 자원봉사자를 경쟁자가 아닌 협력자로 인식하여 존중하고 헌신적인 활동에 대해 감사와 존경의 마음을 표현하도록 한다. 자원봉사자는 대상자에게 관리자의 중요성을 인식시키면서 관리자의 전문성과 경험을 존중하도록 한다.

자원봉사자가 간에는 서로 경쟁적으로 인정과 보상을 받으려 할 때 갈등이 생길 수 있다. 자원봉사의 목적은 대상자의 복지 향상에 있으므로 개인적인 인정과 보상보다 협력해서 공동의 선을 위해 노력하도록 한다.

대상자와 자원봉사자 간에도 갈등이 발생할 수 있다. 대상자가 자원봉사자에 대해 자신을 차별한다고 생각하거나 동정한다고 생각하는 경우 또는 대상자가 자원봉사자에게 자원봉사 이상의 무리한 요구를 할 경우에 갈등이 발생할 수 있다.

자원봉사자는 대상자가 어떤 처지에 있든지 나름의 능력과 가치가 있다는 것을 인정하여 존중하고 일방적인 도움으로 위화감이 생기지 않게 상호호혜적인 활동을 하도록 한다.

상식적인 자원봉사의 활동 범위를 벗어나는 자원봉사를 대상자가 요구할 경우 자원봉사자의 참여 의욕을 저하시킬 수 있으므로 대상자에 대한 교육도 실시하는 것이 필요하다.

2) 성격의 이해와 갈등 대처

자원봉사에는 착한 사람만이 참여하는 것이 아니다. 다양한 사람들이 참여하는데, 사회적인 갈등은 주로 비협력적인 사람, 명령하기 좋아하는 사람, 자신의 이익에만 관심이 있는 사람, 자기 방식만 옳다고 주장하는

사람, 자신의 역할을 미루는 사람에 의해 일어나기 쉽다.[25]

이러한 일들로 갈등이 발생했을 때 분노를 분출하거나 상대방과 대적해서 이기려 하면 갈등을 더 키울 수 있다. 이런 때에는 시간적 여유를 갖고 상대방의 장점과 갈등의 긍정적인 면을 생각하면서 말하는 의도를 경청하면 적절히 대응할 수 있다.

갈등은 개인 간의 성격의 차이에서 올 수도 있다. 성격의 차이를 알면 갈등을 이해하고 효과적으로 대처하는 데 도움이 된다.[25][26] 성격은 과거의 경험, 욕구, 사고의 지향성, 환경에 대한 인식 등의 영향을 받아 형성된다.

프로이트(Freud)에 의하면 구강기의 욕구, 항문기의 욕구, 잠복기의 이성부모에 대한 욕구, 잠복기의 사회적 기술 습득, 생식기의 이성에 대한 욕구의 충족과 불만족의 무의식적 경험에 의해 결정된다.

에릭슨(Erikson)은 전 생애에 걸쳐 부모, 친구, 직장동료 등과의 사회적 관계에서 성취한 것과 성취하지 못해 생긴 위기에 의해 성격이 형성된다고 주장하였다.

융(Jung)은 정신에너지의 방향에 따라 나타나는 외향적·내향적 성격이 사고, 감정, 감각, 직관과 결합하여 여러 성격이 나타난다고 하였다. 이 이론을 바탕으로 마이어스(Myers, I. B. & Myers, P. B.)가 성격 테스트 MBTI를 만들었다.[27][28]

토리 하긴스(Tory Higgins, 1997)는 인간은 쾌락을 추구하며 고통을 피하려 하므로 성취를 지향하거나 안정을 지향하는 두 가지 성격이 나타난다고 보았다.[29]

마스톤(Marston, 1928)은 환경에 대한 인식이 적대적인가 우호적인가, 환경에 대한 행동이 수동적인가 적극적인가에 따라 주도형, 사교형, 안정형, 신중형의 성격이 있다고 주장하며 DISC 성격검사 이론을 제시하였다.[30][31]

이 밖에도 인간의 성격을 9가지로 본 애니어그램이 있다. 이에 의하면 인간의 성격에는 완벽주의자, 다른 사람을 돕는 사람, 성취욕이 강한 사람, 낭만적인 사람, 관찰을 좋아하는 사람, 의심이 많은 사람, 모험심이 많은 사람, 자기주장이 강한 사람, 평화주의자가 있다.[32)]

갈등을 예방하기 위해서는 서로의 성격을 파악해서 이해하는 한편 활동을 할 때는 상대방의 욕구와 의사를 확인하고 자신의 의사를 분명하게 표현하는 것이 필요하다.

자원봉사활동의 범주를 넘는 요구나 원하는 않는 활동에 대해서는 자신의 입장을 이해시키고 상대방의 결정을 존중하는 '나 전달법'을 이용하여 거절을 하며 서로에게 감사와 존경의 마음을 표현하도록 한다.

갈등이 발생하면 대화와 상담을 통해 해결하도록 한다. 갈등은 어떤 상황에서나 발생할 수 있으므로 갈등 그 자체를 문제로 여기기보다 문제해결에 초점을 두고 해결책을 모색한다.

부당한 처우를 받을 경우에는 이를 개선하도록 요구하며 시정되지 않으면 책임자와 상담하도록 한다. 정기적으로 대화를 할 수 있는 간담회나 모임 등을 만들어 대화 통로를 갖는 것도 필요하다.

- 자원봉사자와 수요처를 연계하는 네트워크의 개선점에 대해 토의해 보십시오.
- 자원봉사활동 기관이나 조직의 자원봉사 관리의 문제점에 대해 조사해 보십시오.
- 자원봉사활동 중 또는 자원봉사관리를 하면서 겪은 갈등과 해결 방법을 조사해 보십시오.

CHAPTER 11

자원봉사자의 자세와 활동방법

이 장에서는 자원봉사활동을 할 때 준비단계에서 알아야 하는 활동의 선택 기준과 활동의 종류, 활동할 때의 바람직한 자세에 대해 학습한다. 자원봉사의 활동 방법으로 인격을 존중하고 의사소통하는 방법, 상호호혜적으로 활동하는 방법, 종결하는 방법에 대해서도 학습한다.

CONTENTS

11.1 자원봉사활동을 위한 준비

자원봉사활동을 통해 지역사회의 문제를 해결하여 주민의 삶의 질을 높이고 보람을 느끼려면 체계적으로 준비하는 것이 필요하다. 어떤 활동을 누구를 대상으로 할 것인지 선택이 어려울 때는 추구하는 가치가 무엇인지를 기준으로 삼을 수 있다.

최대 다수의 최대 행복을 추구하는 공리주의적 가치와 만족감을 갖는 것이 중요하다고 생각하는 개인주의적 가치, 공동의 선을 추구하는 공동체주의적 가치 중에서 추구하는 가치를 고려하여 활동과 대상을 선택하도록 한다.

자원봉사활동을 필요로 하는 수요처에 대한 정보는 자원봉사 네트워크나 자원봉사센터에서 얻을 수 있다. 현장조사를 통해 또는 기존 자원봉사자의 의견을 들어 수집할 수도 있다. 장소가 정해지면 오리엔테이션이나 안내를 통해 자원봉사활동 내용과 방법, 대상자의 욕구 등에 대한 정보를 수집한다.

자원봉사활동에 필요한 지식과 기술로 인권 보호와 폭력예방, 신체활동을 지원하는 방법, 일상 및 사회생활을 지원하는 방법, 의사소통 방법, 보조기기 사용법, 응급처치법 등을 교육받도록 한다.

11.2 자원봉사활동의 종류

자원봉사활동의 종류는 매우 다양하다. '자원봉사법'에서 열거하고 있는 활동의 종류를 살펴보면 다음과 같다.[1)] 사회복지 및 보건 증진에 관한 활동, 지역사회개발·발전에 관한 활동, 환경보전 및 자연보호에 관한 활동, 사회적 취약계층의 권익증진, 청소년의 교육 및 상담에 관한 활동, 인권옹호 및 평화구현에 관한 활동, 범죄예방 및 선도에 관한 활동, 교통 및 기초질서 계도에 관한 활동, 재난관리 및 재해구호에 관한 활동, 문화·관광·예술 및 체육진흥에 관한 활동, 부패방지 및 소비자보호에 관한 활동, 국제협력 및 해외봉사활동, 공공행정분야 사무 지원에 관한 활동, 그 밖에 공익사업의 수행 또는 주민복리의 증진에 필요한 활동이 있다.

현장에서는 시설과 기관의 프로그램 보조, 말벗, 식사보조, 외출 동행, 홍보, 자문, 청소 및 정리 등이 이루어진다. 자신의 가치관과 욕구, 선호, 지역사회의 요구, 경험 등 고려하여 활동의 종류를 선택한다.

11.3 바람직한 자원봉사자의 자세

1) 결과에 겸손한 자세

자원봉사활동을 선의를 갖고 했더라도 그 결과는 예상한 것과 다른 것이 될 수 있다. 선의가 항상 좋은 결과만을 가져오지 않을 수 있으므로 다나카유(2013)는 자원봉사에도 고민이 필요하다고 주장한다.[2)]

예를 들면 자원봉사활동 중 특별히 총애하던 대상자가 자원봉사자가 그만두었을 때 따돌림의 대상이 될 수 있다. 근로청소년에게 후원금을 준 것이 열심히 일하고 공부하던 청소년의 근로의욕을 저하시킬 수 있다.

빈곤국가에게 물자를 원조해 주는 것이 산업 발달을 지체시킬 수 있고 지원자와 비지원자 간에 차별을 만들어 사회적 불평등을 야기하며 공동체를 와해시킬 수 있다.

자원봉사자는 자신의 활동이 대상자에게 미치는 영향을 깊이 성찰하고 자신의 활동이 어떤 결과를 가져올지에 대해 겸손하고 신중한 자세를 가져야 한다고 볼 수 있다.

2) 창의적인 자세

자원봉사활동을 어떻게 했는가에 따라 창출되는 가치가 전혀 달라질 수 있다. 자원봉사활동을 단순히 자신이 소유한 자원을 제공하거나 주민의 자원을 모아서 배분·전달하는 방법으로 할 수 있지만 창의적인 방법으로 자원을 사용하면 주민의 삶을 더 풍요롭게 만들 수 있다.

같은 자원을 사용해도 사용방법에 따라 창출되는 가치가 달라지는 것을 보여주는 실험이 있다. 미국의 한 대학에서 학생들을 대상으로 5달러의 투자금을 주고 2시간 내에 최대한 돈을 많이 벌게 해서 3분간 발표하게 하는 실험을 하였다.

학생들은 로또를 사거나 세차 또는 학업에 필요한 도구를 설치해서 사용료를 받는 등 다양한 방법으로 돈을 벌었다. 이 중 가장 많은 돈을 번 학생은 홍보를 원하는 회사에 발표시간을 팔고 회사를 위해 광고를 제작해 발표한 학생이었다.[3)4)]

제한된 자원을 이용하여 문제해결을 최적으로 하고 공동의 선을 최대화시키려면 창의적인 사고가 요구된다는 것을 알 수 있다. 창의적인 사고는 학습과 경험의 융복합에서 나오므로 자원봉사자는 끊임없이 배우고 경험을 넓히려는 자세를 갖도록 한다.

3) 차별하지 않는 자세

대상자에 대해 편견이나 선입견을 갖지 않도록 하고 특정 조건을 가진 대상인을 배제하거나 차별하지 않도록 한다. 자원봉사를 요청하는 사람이 수락하기 어려운 문제를 갖고 있다면 무조건 거절해서 차별하기보다 문제에 대한 정보를 얻고 대처 방법을 강구해서 돕도록 한다.

세계인권선언에서 모든 인간은 인종, 피부색, 성, 언어, 종교, 정치적 견해, 출신민족 또는 사회적 신분, 재산, 출생, 그 밖의 지위에 따른 어떠한 구분도 없이 똑같은 존엄과 권리를 가지며 모든 권리와 자유를 누릴 자격이 있다고 하였다.[5)]

대상자가 도움을 구하거나 받는 상황이라 하더라도 자신만의 가치를 지닌 존엄한 존재이며 사회구성원으로 나름의 역할을 하면서 나와 더불어 살아가는 평등한 존재임을 인식한다.

인간이라면 누구나 생존의 잠재력을 지니고 성장하길 원하므로 자원봉사자는 희망과 욕구가 충족되도록 지지해 주고 스스로 변화의 가능성을 믿고 행동하도록 돕는다.

4) 성실한 자세

자원봉사활동은 대가를 받지 않지 않고 하는 활동이지만 맡은 업무를 성실하게 수행하고 결과에 대해 책임지는 자세를 갖도록 한다. 대상자나 기관과 약속한 것은 반드시 지키고 지키기 어려울 때는 미리 양해를 구해 활동에 차질이 생기지 않게 한다.

자원봉사활동은 자원봉사자의 목적을 위한 수단으로서가 아닌 대상자의 삶의 질과 복지를 향상시키려는 목적에서 행해져야 한다. 자원봉사활동을 수단으로 이용할 경우 목적이 달성되어 중단되면 대상자에게 상처를 줄 수 있다. 일회적인 봉사를 지양하고 대상자의 삶이 향상될 때까지 꾸준히 지속적으로 책임성을 갖고 성실하게 수행하도록 한다.

자원봉사자는 활동일지를 기록하고 보고하며 활동과 관련된 회의에 참석해서 의견을 듣고 활동 개선에도 노력을 기울인다. 활동 중에 알게 된 개인정보 및 기관의 비밀은 지켜서 신의를 잃지 않도록 한다.

5) 협력적 자세

대상자에게 삶의 질과 복지를 향상시키는 통합서비스 또는 맞춤서비스를 제공하려면 다양한 서비스를 제공하는 기관이나 전문가와의 연계가 필요하다. 상호교류가 잘 될수록 대상자에게 더 질 좋은 복지를 제공할 수 있으므로 개방적이며 협력하는 자세를 갖는다.

자원봉사활동을 할 때 경쟁적으로 자신의 업적을 돋보이게 할 수도 있다. 그러나 자원봉사의 목적은 자신을 인정받는 것이 아니라 대상자의 복지와 삶의 질을 향상시키는 것이므로 대상자, 관리자, 동료와 협력해서 공동의 선을 이루도록 한다.

11.4 자원봉사활동 방법

1) 대상자의 인격을 존중하는 방법

자원봉사활동을 할 때는 상대방의 인격을 존중해야 한다. 인격을 존중한다는 것은 자기결정권을 존중한다는 것이고 자기결정권을 존중한다는 것은 상대방의 의사를 묻고 행한다는 것을 의미한다. 사람들은 자신의 의사가 무시될 때 존중받지 못한다고 생각한다.[6)7)]

자원봉사자가 일방적으로 자의적으로 판단해 대상자에게 필요할 것이라고 짐작해서 돕거나, 대상자의 의견을 묻지 않고 임의로 활동을 결정하게 되면 대상자는 무시당한다고 생각하고 도움받는 것을 강요당한다고 여길 수 있다.

자원봉사활동을 할 때는 자기중심적인 활동이 아닌 대상자의 욕구와 자기결정을 존중하는 활동을 하도록 한다. 예를 들면 대상자를 목욕시킨 후 옷을 입힐 경우, 상대방을 존중하는 태도는 자원봉사자가 임의로 옷을 선택해서 입히는 것이 아니라 먼저 대상자에게 어떤 옷을 입고 싶은지 물어보는 것이다.

인격을 존중한다는 것은 자존심을 지켜주는 것이기도 하다. 사람들은 자신이 인간으로서 자립할 능력을 상실했다고 느낄 때 자존심에 상처를 입는다. 스스로 활동할 수 있어야 자신을 가치롭게 여기므로 자원봉사를 할 때는 대상자의 자립적 의지와 행동을 지지하고 지원하도록 한다.

예를 들면 성인이 배설능력이 감소하여 수치심을 느끼는 경우 인간으로서 자존심을 지킬 수 있도록 보행할 수 있으면 일정한 시간을 정해 화장실에 데려가고 근육을 강화하는 운동을 하도록 도우며 보행이 어렵다면 이동용 변기를 이용할 수 있게 돕는다.

2) 의사소통 방법

(1) 언어적 · 비언어적 대화

자원봉사활동을 할 때는 상대방과 신뢰관계를 형성하고 협조를 얻기 위해 의사소통이 필요하다. 메라비언의 법칙(The Law of Mehrabian)에 따르면 의사소통 중 말의 내용이 차지하는 비중은 7%이고 나머지 93%는 비언어적 요소로 대화한다.

대화할 때는 비언어적 대화에 신경을 써서 웃는 얼굴로 대화하고 눈을 맞추며 자세를 기울이고 낮추어 편안하고 안심이 되는 분위기를 만들도록 노력한다.[7)8)] 언어적 의사소통을 할 때는 효과적으로 생각과 감정을 전달하도록 말의 강도와 억양에 유의하며 존대어를 사용하고 명령적인 어조를 피하며 이해하기 쉬운 용어를 사용한다.[6)7)8)9)]

(2) 경청

자원봉사자가 대상자와 라포를 잘 형성하기 위해서는 경청하고 공감하는 것이 매우 중요하다. 경청한다는 것은 말뿐 아니라 감정, 행동에 대해서도 주의를 기울이고 암시적인 의사소통이 있는지 살펴 이를 알아차리는 것을 의미한다.

대상자가 "이런 고통을 겪어본 적 있나요?"라고 물을 때는 "있다", "없다"라고 답할 것이 아니라 "아프니까 많이 힘이 드시지요. 제가 고통을 이해 못 할까봐 걱정하시는군요"라고 감정에 귀를 기울여주도록 한다.

대상자가 자원봉사자와 약속한 것을 어기는 경우는 도움을 받는 것에 대한 거부감을 나타내는 것일 수 있고 자원봉사자를 방해자로 인식해서 회피하는 것일 수 있다. 이런 경우에는 약속을 어긴 것을 비난하고 약속을 지키라고 강요하기보다 도움을 받는 다른 방법을 같이 모색해 보도록 한다.

경청은 상대방의 욕구나 희망하는 것에 맞는 활동을 하기 위해서도 필요하다. 대상자가 무엇인가를 반복해서 물어보며 귀찮게 하는 경우 답을 얻기 위해서라기보다는 자원봉사자와 대화를 하고 싶은 것일 수 있다. 이럴 때는 질문에 답를 찾으려고 하기보다 대상자에게 관심을 보여주는 것이 원하는 답이 된다.

(3) 공감

대상자의 감정에 공감을 표현할 때는 상대방의 입장이 되어 거울처럼 감정을 비추어 준다. 질환이 있는 대상자가 운동을 해야 하는데 그만두고 싶어 한다면, "쉬었다가 하세요"라고 하거나 "그만두면 건강이 나빠질 텐데요"라고 말하기보다 "많이 힘드신가 봐요."라고 말하는 것이 감정을 공감해 주는 대화가 된다.

대상자가 도움을 받으면서도 화를 내는 경우에는 자원봉사자에 대해 화를 낸다기보다 도움을 받으며 살아가야 하는 자신의 처지를 수치스럽게 생각해서 그럴 수 있다. 이러한 상황이라면 "왜 화를 내세요?"라고 말하기보다 "기분이 안 좋으신가봐요."라고 말하는 것이 공감적이다.

대상자가 잘 알아듣기 어려운 말을 하거나 이해하기 어려운 말을 하더라도 감정은 민감하게 나타낼 수 있다. 말하려고 하는 것을 무시하거나 자의적으로 해석할 것이 아니라 무엇을 원하는지 인내심을 갖고 귀를 기울이고 얼굴표정 등에 나타나는 감정을 읽어 주도록 한다.

3) 상호호혜적인 활동 방법

자원봉사활동은 서로 돕고 함께 희망을 나누는 활동이 되어야 한다. 자원봉사활동을 시혜적으로 할 경우 받는 사람은 베푸는 사람과 평등하지 않다고 여겨 자존심에 상처를 받을 수 있다. 대상자에게도 자원봉사자에게 베풀 수 있는 기회를 주어 상호호혜적인 자원봉사활동이 되도록 한다.[7)9)]

모든 것을 다 해주는 일방적인 자원봉사활동은 대상자가 할 일이 없게 만들어 자립능력을 저해시킬 수 있다. 대상자의 잠재 능력을 발휘하게 하고 독립성을 고취시킬 수 있는 자원봉사활동을 하도록 한다.

4) 종결하는 방법

자원봉사를 할 때는 종결단계가 있음을 명확히 알리는 것이 필요하다. 예고 없는 활동 중단은 대상자에게 상처를 줄 수 있고 자원봉사자들에 대한 불신을 야기할 수 있다. 충분한 시간을 가지고 종결 단계가 있음을 미리 알려주어 대비하게 한다.[7)9)]

대상자가 자원봉사자와 헤어지는 것을 인정하지 않고 분노를 표현하거나 갑자기 냉담해지는 경우 종결은 새로운 시작임을 이해시키고 대상자가 분노의 감정을 표현하고 섭섭함의 감정을 표현할 수 있게 한다. 이를 위해 종결식을 갖는 것도 바람직하다.

기관에도 종결을 미리 알려서 예상하지 못한 업무 중단이 발생하지 않도록 한다. 계약한 기간이 있으면 이를 지키도록 하고 계약만료 한 달 전에 고지해서 업무에 지장이 생기지 않도록 한다. 주변정리와 인수인계를 하며 마무리 인사로 지속적인 관계가 유지될 수 있게 한다.

탐구 및 토의주제

- 만약 에이즈 질병을 가진 사람이 자원봉사활동을 하길 원한다면 관리자로서 어떻게 할지 토의해 보십시오.
- 자원봉사활동에 참여한 자신과 동료의 자세를 평가해 보십시오.
- 의사소통 능력이 자원봉사활동을 통해 개선된 것이 있는지 생각해 보십시오.

CHAPTER 12

장애인을 위한 자원봉사활동

이 장에서는 장애인을 대상으로 자원봉사를 할 때 필요한 전문적인 정보와 지식, 기술에 대해 학습한다. 관련 시설 및 기관에 대한 정보, 장애인의 권리와 지원제도를 알아보고 장애인의 인권을 존중하는 방법, 장애인 유형별 자원봉사활동 방법, 그리고 장애인 가족을 돕는 방법에 대해 살펴본다.

CONTENTS

12.1 장애인의 정의와 복지시설

장애인 대상의 자원봉사를 할 때는 장애인이 원하는 활동을 전문적으로 수행할 수 있도록 먼저 장애인의 특징과 장애의 종류, 장애인을 위한 복지시설에 대해 아는 것이 필요하다.

장애인이란 '장애인복지법' 정의에 의하면 "신체적·정신적 장애로 오랫동안 일상생활이나 사회생활에서 상당한 제약을 받는 자"를 말한다. 신체적 장애에는 주요 외부 신체 기능 및 내부기관의 장애가 있고 정신적 장애에는 발달장애와 정신 장애가 있다.[1)]

신체적 장애 중 외부 신체 기능장애에는 지체장애, 뇌병변장애, 시각장애, 청각장애, 언어장애, 안면장애가 포함된다. 내부기관 장애에는 신장장애, 심장장애, 호흡기장애, 간장애, 장루·요루장애, 뇌전증장애가 포함되고, 정신적 장애의 발달장애에는 지적장애와 자폐성 장애가 있다.[1)]

장애인을 위한 복지시설에는 장애인 거주시설로 장애인생활시설, 장애인요양시설 등이 있고, 지역사회재활시설로 장애인복지관, 장애인주간보호시설, 장애인의료재활시설, 장애인단기보호시설, 장애인공동생활가정, 수어통역센터, 점자도서관, 정신질환자사회복귀시설 등이 있다. 직업재활시설에는 장애인 작업활동시설, 장애인보호작업시설, 장애인생산품판매시설이 있으며, 장애인 의료재활시설에는 정신의료기관 등이 있다.[2)]

이러한 복지시설에서 자원봉사자는 장애인의 인간다운 삶과 권리를 보장하고 장애인의 사회통합에 기여하는 자원봉사활동을 할 수 있다. 학습보조 등의 교육봉사, 말벗 등의 심리적 지지 봉사, 병원 동반 등의 사회활동 지원, 식사보조 등의 생활지원을 할 수 있다. 관련 기관이나 시설의 프로그램 진행 및 보조, 보조기기 수리 등의 간접적인 활동도 할 수 있다.

12.2 장애인의 권리와 지원제도

1) 장애인과 비장애인의 차이

자원봉사활동을 할 때는 장애를 이해하는 것도 필요하다. 인간은 누구나 완전하지 않고 불완전하며 장애인과 비장애인의 차이는 불완전성의 정도에 차이가 있을 뿐이라는 사실을 인식하도록 한다.

장애인인 수전 웬델(Susan Wendell, 2013)은 장애는 정상적인 삶의 일부이며 극복의 대상이 아니라 정체성과 관련된 것이라고 주장하였고, 오토다케 히로타다(乙武洋匡, 2001)는 장애를 단순한 '특징'이라고 말하였다.[3)4)]

사람들은 모두 불완전한 능력으로 인해 고통을 느끼며 일정 부분 서로 의존하고 도움을 받으며 살아간다. 장애인은 고통과 더불어 살아가는 방법에 관해서는 비장애인보다 더 많은 지식을 축적하고 있다. 이런 의미에서 수전 웬델(Susan Wendell, 2013)은 장애인이 삶에서 얻은 지식도 일반적인 지식에 포함시킬 것을 주장하였다.[3)]

2) 장애인의 권리와 관련 법

자원봉사자가 장애인의 권리를 적극 보호하고 권리를 행사할 수 있게 하기 위해서는 관련된 법에 대한 지식이 필요하다. 장애인은 비장애인과 크게 다르지 않지만 사회적으로 차별을 받고 불이익을 당하기 쉬우므로 전 세계가 UN장애인권리협약(2006)을 채택하였다.

이 협약에서는 장애인의 권리를 보호하고 존중하는 것을 목표로 하였다. 장애인을 프로그램의 대상자로서보다 권리의 주체자로 보아 장애인의 이동권과 문화접근권, 교육권과 건강권 및 일할 권리 등 장애인의 전 생활영역에서의 참여와 권익을 적극 보장하였다.[5)]

국내에서는 '장애인복지법'을 제정하여 장애인의 존엄과 가치를 존중하고 있다. 장애인은 국가·사회 구성원으로서 정치·경제·사회·문화 그 밖의 모든 분야의 활동에 참여할 권리를 가지며, 관련 정책결정 과정에 우선적으로 참여할 권리가 있다고 명시하였다.

'장애인복지법'에 따라 국가 또는 지방자치단체에서는 장애인의 기본권을 보장하기 위한 기본 정책을 수립하고 있다. 장애발생 예방과 재활치료, 교육과 직업, 안전대책, 사회적 인식 개선, 주택 보급, 가족지원을 위한 시책 등을 수립하여 시행하고 있다.[1)]

또한 '장애인차별금지 및 권리구제 등에 관한 법률'을 제정하여 장애를 이유로 차별하는 여러 행위를 금지하고 차별받은 사람의 권익을 구제하도록 하였다.

이 법에 따르면 정당한 사유 없이 불리하게 대하거나, 장애를 고려하지 않는 기준을 적용하여 불리하게 만드는 행위, 정당한 편의 제공을 거부하며 불리한 대우를 표시 조장하는 광고를 행하는 행위, 보조견 또는 장애인 보조기구의 사용을 방해하는 행위 등은 차별 행위가 된다.

장애인의 자립생활을 지원하고 가족의 부담을 줄여 장애인의 삶의 질을 높이기 위한 '장애인활동 지원에 관한 법률'도 제정되었다. 혼자서 일상생활과 사회생활을 하기 어려운 장애인에게 활동보조·방문목욕·방문간호 등의 활동지원 급여를 지원하고 있다.[6)]

12.3 장애인의 인권을 존중하며 활동하는 방법

장애인을 존중하는 활동을 하려면 장애인도 비장애인과 똑같이 존엄한 존재로서 자신의 삶을 자신이 주도적으로 결정할 권리가 있다는 것을 인식하도록 한다.

장애인의 존엄성은 장애인이 원하는 것을 지원함으로써 존중되므로 자원봉사활동을 할 때는 자원봉사자가 필요하다고 자의적으로 판단한 것이 아닌 장애인이 원하는 것을 해주도록 한다.[2)7)8)9)]

자원봉사자가 알아서 모든 것을 다 해주면 스스로 할 수 있는 것이 줄어든다. 자신의 삶을 독립적으로 영위할 수 있도록 배우는 데 시간이 걸리더라도 기다려 주고 조금씩 할 수 있는 것을 늘려서 불필요한 도움으로 자립의지를 꺾지 않도록 한다. 그리고 지역사회에서 다른 사람과 더불어 살 수 있도록 필요한 자원을 제공하고 기술을 배울 수 있게 돕는다.

장애인도 비장애인처럼 다양한 능력을 갖고 있다. 장점과 잠재력을 찾아 지지해 주고 적응력을 발휘할 수 있게 한다. 모든 사람이 영웅이 될 수 없는 것처럼 장애인도 모두 장애를 극복한 영웅이 될 수 없다.

장애를 극복하는 것은 도달하기 어려운 이상일 수 있으므로 장애 극복을 요구하기보다 극복하려고 애쓰는 과정에 긍정적인 피드백을 주고 현재 잘하고 있는 것에 대해 칭찬해 주도록 한다.

장애인에 대해 무능력자 또는 안전을 위협하는 자라는 편견을 갖지 않도록 하며 장애를 가졌다는 이유로 분리하거나 거부하지 않도록 하고 신체적·성적·정신적·정서적 학대나, 가혹행위, 방임과 유기가 발생하지 않도록 한다.

장애인의 사생활과 관련된 결정을 하거나 소유물을 만질 때는 반드시 의견을 묻고 양해를 구한다. 방문을 할 때는 불편감을 갖지 않도록 예의를 갖추어 행동하고 장애인이 요구한 일을 마쳤을 때는 결과를 알려주어 신뢰감을 갖게 한다.

지나친 친근감이나 동정심, 과잉친절로 부담감을 주지 않도록 하며 무의미한 말이나 행동을 하더라도 감정은 공감해주고 위험한 행동은 제한하며 안전한 환경에서 생활할 수 있게 돕는다.

12.4 장애인 유형별 자원봉사활동 방법

장애의 정도는 개인에 따라 차이가 크고 증상도 다르므로 돕는 방법도 개인마다 다를 수 있다. 자원봉사활동을 할 때는 장애인에게 어떤 도움이 필요한지 묻고 기관이나 시설 담당자의 안내에 따라 돕도록 한다. 장애인의 유형 중 출현율이 높은 장애를 중심으로 장애의 특징과 일반적인 유의점을 알아보면 다음과 같다.[2)7)8)]

지체장애는 선천적 혹은 후천적으로 척수손상, 변형 등이 원인이 되어 외부 신체에 장애가 나타난 장애이다. 대부분 운동기능에 어려움이 있고 휠체어를 사용한다.

활동이 자유롭지 못하지만 지능발달과는 무관하므로 지원을 받으면 비장애인과 다름없이 학습과 사회활동을 할 수 있다. 상실감을 이해해주며 신체활동 제한으로 쉽게 피로를 느끼는 것을 배려하고 적응능력을 고려하여 돕도록 한다.

뇌병변장애는 뇌성마비나 뇌졸중 등으로 뇌에 손상이 생긴 장애로 운동기능, 언어기능, 인지기능 등에 어려움이 수반된다. 지능은 정상일 수 있으므로 지능이 낮다는 편견을 갖지 않도록 한다.

뇌의 손상으로 고집이 세고 화를 자주 내는 성격이 나타날 수 있다. 알아듣기 어려운 말을 하더라도 무시하지 말고 필담 등의 방법을 찾아 의사를 존중하려고 노력하며 마비된 부위의 기능을 회복시키는 재활훈련을 돕는다.

시각장애는 선천적 원인 혹은 백내장, 녹내장 등의 질병, 사고 등에 의해 시각에 이상 현상이 나타나는 장애이다. 시각의 제한으로 학습문제가 생길 수 있고 이동능력 상실, 자신감 상실이 나타날 수 있다.

사물의 위치 등 정보를 제공할 때는 특징을 말로 설명해주고 직접 만져보게 해서 이미지가 잘 떠오를 수 있게 돕는다. 독립보행이 가능한 사람을 안내할 때는 장애인이 자원봉사자의 팔꿈치를 잡게 하고 반 보 앞서 가며 돕는다.

청각장애는 귀의 신경 손상, 노령화, 질병 등이 원인이 되어 선천적 또는 후천적으로 나타날 수 있다. 청각장애인은 잘 듣지 못해 교통사고 등 안전사고를 당하기 쉽고 긴급상황에 빠르게 언어적으로 대처하기 어렵다.

알아듣기 어려운 말을 하더라도 추측하지 말고 인내심을 갖고 수어(수화), 필담, 구화 등의 적절한 소통방법을 찾아 정확히 이해하도록 한다. 청각장애인은 시각적인 단서에 의존하여 소리를 인지하므로 입모양을 볼 수 있게 하고 천천히 또박또박 말을 전달하도록 한다.

정신적 장애는 선천적 또는 후천적으로 불명확한 원인에 의해 다양한 질환과 증상으로 나타난다. 정신적 장애 중 지적장애는 지적 능력이 부족하거나 낮은 적응행동 수준을 보인다.

의사소통, 자기관리, 사회적응, 학습 등 여러 기능에 제한이 있으므로 인내심을 갖고 반복 설명하고 스스로 할 수 있게 기다려주며 기회를 주면서 반복 연습하는 것을 돕는다. 무시하거나 반말을 사용하지 말고 생활연령에 맞는 대우를 해준다.

자폐성 장애는 의사소통의 문제, 상호작용 문제, 반복적 행동, 촉각이나 청각 등 감각자극에 대한 민감성이 특징적으로 나타난다. 자폐성 장애인 중에는 우수한 능력을 가진 사람도 있다.

강점을 찾아 북돋아 주고 예민한 자극반응을 피할 수 있게 배려한다. 반복적 행동을 할 때는 비난하기보다 주의를 돌려주는 것이 좋고, 억제시키면 문제가 더 나타날 수 있으므로 시간을 주고 기다려준다.

정신장애는 불명확한 원인에 의해 조현병, 양극성 장애, 우울장애, 알코올 중독증 등으로 나타날 수 있다. 환각, 망상을 보이거나 감정조절, 사고기능, 행동, 성격 등에 문제를 보이기도 한다.

문제행동에 대해 설득하거나 위협하기보다 감정에 촛점을 두어 공감해주고 고통을 이해해주며 언제든지 도움을 요청하면 도와줄 것이라는 신뢰를 주면서 전문적인 치료를 받도록 돕는다.

12.5 장애인 가족을 돕는 방법

장애인 가족은 비장애인 가족에 비해 신체적 심리적 부담이 클 수 있다. 생계유지를 위한 활동 외에 장애인의 치료를 도우며 특수장비 사용과 학업 등을 보조해 주어야 한다. 이러한 어려움을 갖고 있는 장애인 가족을 돕는 자원봉사활동을 할 때는 다음 사항에 유의한다.[9)10)]

장애인 가족의 걱정을 이해하며 욕구를 파악하고 절망감이나 죄책감을 갖지 않도록 공감해준다. 가족의 역량을 향상시킬 수 있게 긍정적인 지지를 해주고 장애인의 긍정적인 변화를 알려주어 자신감을 갖게 한다. 만성적 피로를 가질 수 있으므로 휴식을 취할 수 있게 돕는다.

상황을 수용할 수 있게 객관적 정보나 자료를 제공한다. 그러나 장애에 대해 전문적인 용어나 지식을 사용하며 부모보다 더 많이 안다는 듯이 충고하지 않도록 한다. 장애인에 대한 부모의 경험을 존중하고 누구보다 가족이 장애인을 가장 잘 안다는 것을 인정하며 장애인을 돕는 방법을 상의하도록 한다.

탐구 및 토의주제

- 장애인을 위한 자원봉사활동 사례를 조사해 보십시오.
- 장애인 대상의 자원봉사활동을 하였을 때의 보람과 어려웠던 점을 기술해 보십시오.
- 장애인 가족을 돕는 자원봉사활동에 대해 조사해 보십시오.

CHAPTER 13

아동을 위한 자원봉사활동

이 장에서는 아동을 대상으로 자원봉사활동을 할 때 필요한 전문적인 정보와 지식, 기술에 대해 학습한다. 아동의 특성과 복지시설에 대한 정보를 알아보고 아동을 대하는 태도와 영양관리, 식사 돕기, 일상생활 및 안전지원, 아동의 학습활동 지원 방법에 대해 살펴본다.

CONTENTS

13.1 아동의 특성과 자원봉사의 필요성

아동을 돕는 자원봉사활동을 전문성을 갖고 하려면 아동의 특성에 대한 이해가 필요하다. '아동복지법'에서 아동은 18세 미만인 사람이라 정의한다.

아동 중에서도 6세 미만은 '영유아보육법'에서는 영유아라고 정의하고, 9세 이상 24세 이하의 자는 '청소년기본법'에서는 청소년이라 정의한다. 일반적으로 아동이라 하면 초등학교에 다니는 학령기 이하의 아동을 말한다.[1)2)3)]

아동기에는 키와 체중이 크게 증가하고 운동능력이 정교해지는 특징을 보인다. 언어의 구조와 문법, 의미를 이해하는 능력이 발달하고 의사소통 기술이 다양해진다. 사물을 분류하고 서열화하는 인지능력과 정보를 조직해 의도적으로 저장하는 기억력이 발달한다. 모방을 통해 성역할을 배우며 인간관계가 가족 중심에서 또래와 교사로 확대되어 사회성이 발달하고 학교에 다니며 근면성이 발달한다.[4)5)]

'아이 한 명을 키우기 위해 온 마을이 필요하다.'는 말이 있다. 아동이 전인적으로 건강하게 성장하고 발달하기 위해서는 가정과 학교, 지역사회가 협력해야 한다는 것이다.

가정의 보호기능이 약화되면서 지역사회의 아동돌봄 기능이 확대되고 있다. 자원봉사자의 역할도 중요해지고 있으므로 자원봉사자는 전문적인 지식과 기술을 갖추어 도움을 제공하도록 한다.

13.2 아동복지 시설과 기관

자원봉사자가 필요한 아동복지 시설에는 보호대상 아동을 입소시켜 돌보는 아동양육시설, 보호대상 아동을 일시 보호하는 아동일시보호시설, 아동에게 보호 및 치료를 제공하는 아동보호치료시설, 아동에게 가정과 같은 서비스를 제공하는 공동생활가정, 아동복지시설에서 퇴소한 사람을 보호하는 자립지원시설이 있다. 아동문제를 상담하는 아동상담소, 지역사회 아동을 보호하는 지역아동센터, 아동보호전문기관도 있고, 어린이집에서도 자원봉사자를 필요로 한다.[1)2)]

자원봉사자는 이러한 시설과 기관에서 아동의 정서를 지원할 수 있고, 식사 돕기, 영양관리 및 안전지도 등의 생활지원을 하거나 학습을 지원하는 봉사활동을 할 수 있다. 시설과 기관의 업무 보조, 청소, 프로그램 보조 등의 봉사활동도 할 수 있다.

13.3 아동을 대하는 태도

아동을 대할 때는 인격체로 존중하고 권리를 증진시켜 주며 의사를 존중한다. 이름을 불러주어 자아존중감을 갖게 하고, 약속이나 활동 시간을 반드시 지키며 일관성 있는 성실한 태도로 눈높이에 맞는 친절한 서비스를 제공하도록 한다.[6)10)11)12)]

아동은 자기중심적인 특성이 있어 상대방의 입장과 상황을 잘 이해하지 못한다. 자원봉사자를 힘들게 하더라도 인내심과 애정을 갖고 돌보며 폭력을 행사하지 않도록 한다. 또한 자신의 생각과 욕구에만 집중하므로 안전사고가 발생하기 쉽다. 돌볼 때는 세심한 주의가 필요하다.

아동기는 무엇보다 애착이 형성되는 중요한 시기이다. 긍정적인 언어와 밝은 얼굴로 아동의 말과 요구에 민감하게 즉각적으로 반응하도록 한다. 지나친 화장과 장신구는 아동과의 접촉을 방해하므로 유의한다. 장기적인 관계 속에서 정서적 안정감을 가질 수 있도록 지속적인 자원봉사를 하도록 한다.

13.4 아동의 신체 및 생활 지원 방법

1) 영양관리

자원봉사자가 아동의 식사를 도울 때는 건강하게 성장할 수 있도록 영양에 대한 지식을 습득해서 정보를 제공하고 바람직한 식생활을 지원할 수 있는 전문성을 갖추도록 한다.

아동기는 신체가 성장할 뿐 아니라 활동량이 많아지고 뇌가 발달하므로 탄수화물, 단백질, 지방, 무기질, 비타민 등의 영양을 고르게 섭취해야 한다. 필요 영양소의 기능과 함유 식품을 살펴보면 다음과 같다.[7)8)9)10)]

탄수화물은 지질, 단백질과 함께 3대 열량영양소의 하나로 활동에너지와 생명유지 등 기초대사에 필요한 에너지를 공급한다. 당류와 섬유소가 이에 속한다.

당류는 곡류, 감자, 설탕에, 섬유소는 채소나 해조류에 많이 들어 있다. 섬유소는 소화흡수는 되지는 않으나 변비예방과 같은 생리작용을 돕는다. 당류는 많이 섭취하면 비만을 유발한다.

단백질은 근육 등의 신체조직과 호르몬, 항체를 구성하는 영양소로 에너지 급원으로도 이용된다. 탄수화물이나 지질 섭취량이 적으면 단백질이 에너지원으로 이용되어 신체 구성에 사용되지 못하므로 적절한 탄수화물 섭취가 필요하다.

단백질 식품으로는 육류, 생선류, 난류, 콩류가 있다. 단백질을 구성하는 아미노산 중에는 반드시 섭취해야 하는 필수아미노산이 있는데 동물성 식품과 콩에 많이 들어 있다.

지질에는 중성지방, 콜레스테롤, 인지질 등이 있다. 중성지방은 지질의 대부분을 차지하며 에너지를 내는 데에 이용된다. 탄수화물과 단백질이 1g당 4kcal의 열량을 내는 데 비해 지방은 9kcal의 열량을 내므로 과다하게 섭취하면 비만을 일으킨다.

콜레스테롤은 심혈관 질환과 관련이 있지만, 세포막의 성분이면서 성호르몬 생성에 필요하고, 인지질은 뇌에 존재하는 세포 구성요소이므로 적절한 섭취가 필요하다.

지방산과 글리세롤로 구성된 중성지방의 지방산에는 불포화지방산과 포화지방산, 트랜스지방산이 있다. 불포화지방산 중 반드시 섭취해야 하는 필수지방산은 식물성 기름과 생선기름에 많이 들어 있다.

포화지방산은 동물성 지방에 많으며 성인병을 유발한다. 트랜스지방은 식물성 기름을 가공한 마가린과 쇼트닝에 들어 있고 과자류에 많이 사용된다. 심혈관계 질환의 위험을 높일 수 있으므로 주의가 필요하다.

무기질 중 칼슘(Ca)은 아동의 뼈 성장과 치아발달을 돕는 영양소로 우유, 푸른잎 채소, 멸치, 콩류에 많이 들어 있다. 철분(Fe)은 혈액의 구성성분으로 고기류, 콩 등에 많고 부족하면 빈혈이 나타난다.

소금에 많은 나트륨(Na)과 채소에 많은 칼륨(K)은 체액의 균형과 혈압 조절에 관여한다. 고나트륨 식사는 질병을 유발하므로 소금과 나트륨 성분의 첨가물이 함유된 가공식품 이용에 주의한다.

비타민은 대사작용에 관계하는 영양소로 대부분 체내에서 합성되지 않아 섭취해야 한다. 비타민 A는 녹황색 채소에 많고 눈 건강과 관련 있다. 칼슘 대사에 필요한 비타민 D는 일광을 쪼이면 체내에서 합성되기도 한다.

비타민 C는 과일과 채소에 많으며 철분 흡수를 돕고 면역기능에 관여한다. 비타민 B1은 탄수화물 대사에, 비타민 B2는 각종 대사에 필요하며 부족하면 비타민 B1은 각기병을, 비타민 B2는 설염과 구내염을 일으킨다.

물은 영양소를 조직으로 운반하고 노폐물을 수송하며 체온을 조절한다, 어린이는 물의 비율이 높아 탈수가 있으면 위험하므로 설사를 할 때는 수분을 충분히 공급하도록 한다.

2) 식사돕기

아동에게 식품을 제공할 때는 다음의 사항에 유의한다.[10][11][12] 소화능력을 고려해서 천천히 식사하게 하며 식기를 깨끗이 비우도록 강요하지 않는다. 소화능력이 활동량에 비해 낮으므로 간식을 적당히 공급한다. 식사 전에 손을 씻도록 지도하고, 그릇에 보기 좋게 담아 식욕을 증진시킨다. 돌보는 자의 편의를 위해 국과 밥, 반찬을 혼합하지 않는다.

아동기는 식품에 대한 기호가 형성되는 시기이므로 가공식품보다 천연 식재료를 섭취하도록 한다. 결식이나 편식은 뇌의 활동을 저하시키고 성장에 불균형을 가져오므로 식습관 형성에 유의하게 한다.

아동은 단맛을 좋아하나 과도한 당의 섭취는 식욕을 저하시킬 뿐 아니라 비만과 충치를 일으킬 수 있다. 설탕이 많이 들어 있는 음료수, 젤리와 캐러멜처럼 당도와 점착도가 높은 식품을 제한한다.

카페인이 많은 초콜릿과 인공색소가 들어 있는 식품, 유당불내증과 같은 식품거부 반응과 알레르기를 일으키는 식품에 유의한다. 계란 알레르기가 있는 경우 마요네즈처럼 형태가 바뀐 식품이 있으므로 주의한다.

식품을 제공할 때는 손을 깨끗이 씻고, 식품의 청결상태와 성분, 유통기간을 확인한다. 포장을 개봉한 식품은 가급적 빠른 시간 내에 사용하며 금속 캔 자체를 불에 직접 조리하면 유해물질이 용출될 수 있으므로 덜어서 익히고 남은 식품은 밀폐용기에 담아 보관한다.

플라스틱 용기 중에는 PVC(폴리염화비닐)처럼 가열하면 유해한 것 또는 지방에 유해물질이 용출되는 것이 있으므로 표기된 지시에 따라 사용한다. 코팅이 벗겨진 용기도 인체에 유해하므로 사용에 유의한다.

3) 일상생활 및 안전 지원

아동의 일상생활을 지원할 때는 아동의 특성을 고려하고 안전사고를 예방하기 위해 다음 사항에 유의한다.[10)11)12)13)] 아동의 충분한 수면은 두뇌발달 및 면역과 관련이 있다. 학령기 이전에는 10~13시간, 학동기에는 9~11시간, 5·6세경에는 1~2시간 정도의 낮잠을 재우는 것이 좋으나 잠잘 것을 강요하지 않는다.

배변가리기는 대변은 29개월경, 소변은 32개월경에 가리게 된다. 개인차가 있으므로 기다려 주고 실패해도 격려해 주며 강요하지 않는다. 아동이 변의를 호소하면 즉시 배설할 수 있도록 돕고 아동의 배설물에 대해 혐오감을 표현하지 않도록 한다. 배설 후 손을 씻도록 지도하고 배변을 도운 자원봉사자도 손을 씻는다.

놀이를 할 때 아동은 호기심은 많지만 신체기능이 미숙하고 사고를 예측하는 인지능력이 부족하므로 안전사고에 유의한다. 놀이시설 이용 시 끼임, 떨어짐, 부딪힘이 일어나지 않게 주의를 기울이고, 실내에서는 소파, 침대 등에서 낙상하거나 뜨거운 물에 화상을 입을 수 있으므로 혼자 방치하지 않는다.

음식을 입에 넣은 채로 게임을 하거나 웃거나 울게 하지 않는다. 긴 끈이나 비닐봉지는 질식의 위험이 있으므로 이를 이용한 놀이를 하지 않게 하며 놀이 기구를 이용하면서 친구와 장난치지 않게 한다.

교통사고 예방을 위해 신호등을 건널 때는 초록 등이어도 차가 완전히 멈춘 것을 본 후 건너가게 한다. 차를 타고내릴 때는 완전히 정차한 후에 하며 안전띠를 매게 한다. 아동이 쾌적하고 청결한 환경에서 생활할 수 있게 환기와 채광, 온도를 적절히 맞추어 주고 실내먼지를 제거한다.

13.5 아동의 학습활동 지원

1) 아동의 인지적 특성과 학습지도 유의사항

아동의 학습을 도울 때는 인지능력과 흥미와 준비도를 고려하면서 수준에 맞는 다양한 교수방법과 교수자료를 계획하여 지도한다. 아동이 자발적으로 학습에 참여할 수 있게 흥미와 동기를 유발한다.[14)15)16)17)]

피아제(Piaget)에 의하면 아동의 인지능력은 단계적으로 발달한다. 출생에서 2세까지는 감각운동기로 감각과 신체운동을 통해 인지가 발달하고, 2세부터 7세까지는 전조작기로 상징적 사고와 모든 사물은 살아있다고 생각하는 물활론적 사고가 발달한다.

학령기이면서 구체적 조작기 단계인 7세부터 11세에는 모양이 달라져도 양이 달라지지 않는다는 양의 보존 개념을 알고 가역적 사고를 할 수 있게 되며 형식적 조작기인 11세경부터는 추상적 사고와 추론을 할 수 있게 된다.

인지능력은 환경과의 상호작용을 통해 구성되므로 풍부하고 다양한 경험과 놀이활동을 할 수 있게 돕는다. 11세 이전의 아동은 추상적 사고가 어려우므로 학습지를 이용하거나 말로 하는 설명보다 구체적인 실물과 체험활동으로 학습하게 한다.

발달과 학습에는 개인차가 있다는 것을 인정하고 실수를 통해서도 스스로 지식을 구성할 수 있게 완벽하게 수행할 것을 요구하지 않으며 비난하지 않는다. 격려와 칭찬을 해주어 자신감을 갖게 하고 표현의 자유를 허용한다.

아동은 자신의 인지 수준에서 지식을 구성하므로 흥미를 자극하고 이해를 확장하도록 돕는다. 개인별 맞춤 교육을 제공하고, 전인적 발달을 위해 신체·언어·정서·인지·사회성의 통합적 발달을 도모한다. 스스로 주변에서 정보를 수집하고 추론해서 실생활의 문제를 자발적으로 해결하게 하며 이런 활동에서 즐거움을 느끼게 한다.

2) 학습지도자의 역할

학습을 지도할 때 무엇을 중요하게 생각해야 하는지는 교육철학자들이 강조한 것을 통해 알아볼 수 있다.[14)15)16)] 근대교육을 시작한 코메니우스(Comenius, 1592~1670)는 아동교육은 쉬운 것에서 어려운 것으로 자연스럽게 이루어져야 한다고 주장하였고 루소(Rousseau, 1712~1778)는 아동중심의 교육을 강조하였다.

프뢰벨(Froebel, 1782~1852)은 놀이를 시간 소비가 아닌 학습활동으로 보았고, 듀이(John Dewey, 1859~ 1952)는 흥미를 가진 문제를 탐구와 발견으로 해결하는 교육을 강조하였다.

몬테소리(Montessori, 1870~1952)는 감각교육을 중시하였고, 피아제(Piaget, 1896~1980)는 환경과 상호작용하며 구성되는 인지능력 발달을 강조하였다. 비고스키(Lev Vygotsky, 1896~1934)는 학습이 발달을 주도하므로 교사가 도움을 조절하며 발달을 유도해야 한다고 주장하였다.

아동의 학습을 지원하는 자원봉사를 할 때는 아동의 발달수준에 맞추고 아동이 능동적으로 참여하는 교육을 하며 놀이를 통한 교육, 흥미를 중심으로 한 탐구교육, 감각을 이용한 교육, 인지발달 단계를 고려하는 교육, 발달을 이끌어가는 교육을 하는 것이 바람직하다고 볼 수 있다.

3) 아동을 위한 교수학습방법

아동의 학습을 지도할 때 이용할 수 있는 교수학습방법에는 개념학습법, 발문학습법, 탐구학습법, 주제중심학습법 등이 있다. 아동의 인지능력과 학습내용에 따라 적절히 선택하여 이용하도록 한다.[14)15)16)17)]

개념학습법은 사물이나 상황의 규칙을 찾아내서 유사한 범주로 유목화하며 개념 형성을 돕는 학습법이다. 처음에는 구체적이고 간단한 분류로부터 시작해서 점차 추상적이고 복잡한 개념을 알게 한다.

발문교수법은 질문을 이용하여 학습효과를 높이는 방법이다. 질문은 '예, 아니오'의 답을 유도하는 폐쇄적 질문보다 다양한 생각을 하게 하는 '왜, 어떻게'와 같은 개방적 질문을 하는 것이 좋다. 한 번에 하나씩 질문하고 응답할 시간을 충분히 주며 침묵을 허용하고 대답을 잘 못하면 다른 말로 바꾸어 다시 질문한다.

대답을 들을 때에는 말에 조리가 없어도 끝까지 들어주며 이해하기 어려운 질문은 명확히 말하도록 돕는다. 아동이 질문을 할 때는 좋은 질문이라는 반응을 보이고 질문이나 답이 끝나기 전에 평가하지 않는다. 질문에 대한 답을 모를 때는 같이 탐구해서 찾도록 한다.

탐구학습법은 아동이 관심을 갖는 사물의 특성을 관찰하게 하는 데 유용하다. 자전거에 관심을 보이면 자전거 바퀴 모양을 관찰하게 하고 연필,

지우개 등을 굴려보게 해서 자전거 바퀴가 왜 세모나 네모 모양이면 안 되는지 알게 한다.

주제중심 학습법은 흥미로운 주제를 아동과 같이 정해 관련된 활동을 학습하는 방법이다. 아동이 추석에 흥미를 보이고 송편과 보름달에 관심이 모아지면 실제 송편을 만들어 보며 달의 모양 변화를 알아보고 달에 대한 노래, 달 그리기 등으로 통합적 교육을 할 수 있다.

이러한 학습방법 외에 이야기 나누기를 할 수 있고, 관련된 동화를 읽어볼 수 있으며 연극을 하고, 게임이나 동작 활동을 해볼 수 있다. 조형 작품을 만들어 보고 악기연주나 음악 감상을 해볼 수 있으며 견학도 가볼 수도 있다.

예를 들어 나무에 대해 학습하는 경우 나무에 대해 이야기를 나누어 보거나 나무에 관한 동화를 읽고 역할극을 해볼 수 있다. 나무의 사계절을 동작으로 표현해 보고 나무를 찰흙으로 만들어 보며, 나무 조각으로 마라카스를 만들어 연주하고 나무에 대한 음악을 감상하며 휴양림에 견학해 나무를 관찰할 수 있다.

탐구 및 토의주제

- 아동을 대상으로 한 자원봉사활동의 사례를 조사해 보십시오.
- 아동 대상의 자원봉사활동을 하였을 때의 보람과 어려웠던 점을 기술해 보십시오.
- 아동의 학습을 돕는 프로그램을 계획하고 실천해 보십시오.

CHAPTER 14

노인을 위한 자원봉사활동

이 장에서는 노인을 대상으로 자원봉사를 할 때 전문성을 높이기 위해 필요한 정보와 지식, 기술에 대해 학습한다. 노인의 특징과 복지시설에 대한 정보를 알아보고, 노인의 건강 및 식사관리 등 일상생활과 여가활동을 지원하는 기술에 대해 살펴본다.

CONTENTS

14.1 노인의 특징과 자원봉사의 필요성

노인의 연령은 법마다 규정이 다르고 노화의 개인차는 크며 평균수명이 연장되고 있어 노인을 연령으로 정의하는 것은 어려우나 대체로 65세 이상을 노인으로 간주한다. 노인에 대한 명칭도 고령자, 노령인구, 어르신, 시니어 등으로 다양하다.

노인은 신체적·인지적·경제적 기능이 저하되면서 독립적인 일상생활을 영위하기 어려워지는 상황에 이르게 된다.[1)2)] 돌봄이 필요한 노인인구는 늘어나지만 가족은 맞벌이 증가와 핵가족화로 돌봄 기능이 약화되고 있고, 1인 노인가구가 증가하며[3)] 자원봉사에 대한 요구도 높아지고 있다.

지역사회에서는 노인 돌봄 서비스로 지역사회 통합 돌봄인 커뮤니티 케어를 제공하고 있다.[4)] 노인이 필요한 서비스를 찾아 서비스 제공 기관을 일일이 방문하거나 익숙한 환경으로부터 격리되어 시설에 수용되지 않고, 노인이 자신의 집에서 서비스를 받으며 인간다운 삶을 영위할 수 있게 지원해주는 제도이다.

커뮤니티 케어에서는 사례관리를 통해 재가 돌봄과 요양, 방문의료, 주거지원 등의 서비스를 지역사회 자원과 연계하여 노인의 요구와 특성에 맞추어 제공한다.

다양한 서비스를 제공하기 위해 많은 인력이 소요되므로 자원봉사기관이 커뮤니티 케어에서 중요한 역할을 맡고 있다.[4)] 노인이 지역사회에서 질 높은 삶을 살기 위해서는 자원봉사자의 도움과 협력이 절대적으로 필요하다고 볼 수 있다.

14.2 노인복지 시설 및 기관과 자원봉사활동의 종류

자원봉사를 필요로 하는 노인복지시설에는 크게 노인주거복지시설, 노인의료복지시설, 노인여가복지시설, 재가노인복지시설이 있다. 노인주거복지시설에는 양로시설, 노인공동생활가정, 노인복지주택이 있고, 노인의료복지시설에는 노인요양시설, 노인요양공동생활가정이 있다. 노인여가복지시설로는 노인복지관, 경로당, 노인교실이 있고, 재가노인복지시설로는 방문요양서비스, 주야간보호서비스, 단기보호서비스, 방문목욕서비스를 제공하는 시설이 있다. 이 외에 노인보호전문기관, 노인일자리지원기관, 학대피해노인 전용쉼터가 있다.[5)]

자원봉사자는 이러한 시설과 기관에서 노인의 말벗이 되어 정서를 지원할 수 있고, 목욕보조와 식사보조 등의 일상생활 지원과 외출 시 사회활동을 지원하는 봉사활동, 여가생활을 지원하는 봉사활동을 할 수 있다.[6)] 사무를 보조할 수 있으며 청소, 취사 등의 근로봉사를 할 수 있고 공연활동, 식사제공, 의료봉사 또는 이미용의 봉사활동도 할 수 있다.

14.3 노인을 대하는 태도

자원봉사활동을 하면서 노인을 대할 때는 경험과 지혜를 존중하고 존경하는 마음으로 대한다. 스스로 독립해서 살 수 있도록 지원하고 자아실현과 자아통합을 이룰 수 있도록 다음 사항에 유의하여 돕는다.[6)7)]

노인은 존엄한 존재로서 차별이나 방임, 유기 등의 학대를 받지 않을 권리와 신체구속을 받지 않을 권리가 있다. 개별화된 질 높은 서비스를 받을 권리, 자신의 삶을 자유로이 선택하고 결정할 권리가 있으므로 이를 존중하는 서비스를 제공한다.

노인을 대할 때는 심리적 부담을 갖지 않도록 예의 바르게 대한다. 대화할 때는 천천히 말하고 노인이 알아듣기 쉬운 말로 대화하며 반말이나 명령, 강요, 훈계를 하지 않도록 한다.

"~하세요"라는 말은 사실은 명령하는 말이므로 "~하시는 것이 어떠세요?"라고 의견을 묻는 말로 바꾸어 결정을 존중하는 대화를 하도록 한다. 눈맞춤이나 표정 등의 비언어적 의사소통에도 주의를 기울인다. 노인이 감정을 자유롭게 표현할 수 있게 돕고 노인의 입장에서 이해하고 공감해 준다.

청력이 좋지 않은 특성을 고려하여 반복해서 묻더라도 귀찮아하지 말고 알아듣기 쉽게 답을 한다. 대답을 잘 하지 않는 노인에게도 항상 말을 걸어주고 긍정적인 말을 해주어 희망을 갖게 한다.

14.4 노인의 생활지원 방법

1) 건강과 질병 관리

자원봉사자는 노인의 요구에 맞는 질 높은 서비스를 제공할 수 있도록 노인의 건강과 질병에 대한 지식과 기술을 갖추는 것이 필요하다.[7)8)9)] 규칙적 운동은 노화를 지연시키고 질병을 예방하므로 권장한다.

운동을 도울 때는 준비운동을 10분 이상 충분히 하게 하고 중간에 휴식을 갖게 하며 빠르게 방향을 바꾸는 운동은 피하게 한다. 겨울에 갑자기 찬 곳으로 나가지 않도록 유의한다.

노인은 수면량이 줄어들고 자주 깨서 수면의 질이 나빠질 수 있다. 카페인이 함유된 음료를 가급적 삼가고 매일 일정한 시간에 자고 낮잠을 자지 않도록 하며 적당한 운동을 해서 숙면하도록 돕는다.

배변에 도움을 표시하면 기다리게 하지 말고 바로 배설하도록 돕는다. 스스로 할 수 있는 잔존능력이 있으면 이를 돕고 실패하더라도 수치심을 느끼지 않게 배려한다. 신체 노출은 가능한 피하도록 하고 불가피한 경우에는 가려준다. 화장실에서 넘어지지 않게 돕는다.

노년기에는 질환이 잘 생기는데 노화와 구분하기 어렵고 여러 가지 질병이 동반되므로 이에 대한 지식도 필요하다. 질병이 있어 오래 누워 지내는 노인은 후두부, 허리, 어깨 등 압력을 받는 부위에 욕창이 생기기 쉽다. 자주 자세를 바꾸어 주고 피부를 건조하고 청결하게 유지시켜 준다.

노인은 근육량이 줄고 운동능력이 감소하며 시력이 약화되고 골다공증 유병률이 높아 손목이나 척추, 고관절에 골절이 발생하기 쉽다. 실내에서도 쉽게 잘 넘어질 수 있으므로 주변을 정리하고 갑작스런 동작을 하지 않게 한다.

약물 복용을 도울 때는 시간을 준수하고, 우유, 녹차, 커피 등과 함께 복용하지 않게 하며 복용을 잊었다고 다음 복용에 2배로 복용하지 않게 한다. 임의로 약을 쪼개거나 캡슐을 제거하지 않으며 잘못 따른 약은 약병에 다시 넣지 않도록 한다. 약을 정해진 약통이 아닌 다른 곳에 옮겨 담지 않도록 하고 안전한 곳에 보관한다.

2) 영양과 식사관리

노인의 식사를 도울 때는 다음과 같은 지식과 기술을 갖추도록 한다.[7)8)9)] 노인은 미각과 시력 등 감각기능이 저하되어 상하거나 불결한 음식을 모르고 섭취할 수 있다. 삼키는 기능이 저하되어 잘 체하며, 위장기능과 침

분비가 감소하여 소화력이 떨어진다. 활동량의 감소와 치아문제로 영양부족이 올 수 있다. 신선한 식품을 소화능력을 고려해서 섭취하게 하고 균형 잡힌 식사를 할 수 있게 돕는다.

노인은 기초 대사량과 활동량이 줄어들어 열량 섭취가 감소하지만 적정 체중을 유지할 수 있도록 탄수화물 식품을 적당량 섭취해야 한다. 단백질은 근육의 소실을 방지하고 면역력을 유지하기 위해 필요하다. 체중 당 필요량은 성인과 동일하므로 양질의 단백질 식품인 고기, 생선, 달걀, 콩류를 통해 1일 평균 40~45g을 섭취하게 한다.

골다공증 예방을 위해 칼슘이 풍부한 우유나 뼈째 먹는 생선을 섭취하게 한다. 동물성 지방은 성인병을 유발할 수 있으므로 제한한다. 비타민과 무기질 공급을 위해 채소류와 과일류는 매일 섭취하도록 하고 변비 예방을 위해 물과 섬유소가 풍부한 야채를 섭취하게 한다.

노인은 짠맛과 단맛에 둔감하므로 짜거나 달게 먹지 않도록 한다. 소금(나트륨) 섭취는 고혈압, 위암 등의 질환과 관련이 있으므로 저염식의 식사를 하게 하며 물을 적게 먹게 한다. 영양소를 제한하는 식이를 필요로 하는 질환이 있는 경우 이에 유의한다.

식사를 도울 때는 다양한 음식을 보기 좋게 담아 식욕이 돋게 한다. 음식을 먹을 때 사레가 들리면 위험해질 수 있다. 턱을 몸 쪽으로 당기는 자세를 취하여 들게 하며 식사하는 동안 옆에서 지켜보는 것이 좋다. 삼킬 수 있는 양을 먹고 완전히 삼킨 다음에 음식을 먹게 한다. 먹는 중에는 질문하지 않도록 하며 식사 후에는 바로 눕지 않게 하고 구강관리를 하게 한다.

3) 일상생활 지원 방법

자원봉사자가 노인의 일상생활을 지원할 때는 다음의 사항에 유의한다.

[7)8)9)] 목욕을 도울 때는 물의 온도를 40도 내외로 따뜻하게 맞추고 식사 전이나 후는 피하게 한다. 욕조에서 미끄러지지 않게 미끄럼방지 매트를 깔고 신체 끝부분에서 중심으로 닦게 한다.

의복관리를 도울 때는 의복은 가볍고 위생적이며 입고 벗기 좋은 것을 택하게 한다. 교통사고 예방을 위해 밝은 색의 옷을 선택하게 하고 새로 구입한 의류는 세탁 후 입도록 하며 의류를 버릴 때는 동의를 구하고 버린다. 신발은 미끄럼방지 처리된 것을 고르도록 한다.

외출 동행을 할 때는 대상자의 욕구를 확인하고 외출에 필요한 사항과 준비물, 건강상태를 사전에 점검한다. 노인의 손을 잡을 때는 손끝으로 잡으면 힘이 들어가서 억압하는 느낌이 들 수 있으므로 손바닥 전체를 이용해서 잡아준다. 예기치 못한 문제가 있으면 노인이나 가족 또는 기관과 상의한다.

14.5 노인의 여가활동 지원

1) 노인의 여가활동 특성

노인의 생활은 그 자체가 여가이므로 여가생활을 지원하는 것은 매우 중요하다. 여가(leisure)란 라틴어 리세레(licere)에서 유래된 말로 강제되지 않은 평화로움을 뜻한다. 하루 중 생리적 시간, 노동 시간, 가사노동 시간을 제외한 시간이 여가 시간이 된다.[10)11)12)]

에릭슨(Erikson, 1982)의 발달단계 이론에 따르면 노년기는 절망감을 줄이고 인생의 의미를 찾아 자아통합을 이루는 시기이다.[1)13)] 여가활동을 하면서 노인은 심신 기능의 약화 속도를 늦추며 외로움에서 벗어나 소속감을 가질 수 있고 지역사회에서 존경을 받으며 자신을 가치롭게 여겨 통합된 삶을 살 수 있다.

노인의 여가활동 조사에 의하면 노인의 여가활동은 대부분 TV보기와 같은 수동적인 활동이 많았고 사회봉사 등의 사회참여나 문화예술 등의 창조적 활동은 매우 적은 것으로 나타난다.[12)]

노인의 여가생활을 지원할 때는 사회활동이나 창조적 활동의 참여를 지지해주고 다양한 활동을 경험할 수 있게 돕는 것이 필요하다. 운동으로 게이크볼이나 산책, 학습으로 독서와 퀴즈활동, 문화예술 활동으로 화초나 애완동물 기르기, 카드놀이와 바둑, 그림그리기, 악기배우기를, 사회참여 활동으로 자원봉사활동과 종교 활동, 동아리 활동에 참여하도록 돕는다.

2) 레크레이션을 활용한 여가 지원

레크레이션이란 회복하다는 뜻의 라티어'(Re-rea-tio)에서 온 말이다. 레크레이션을 이용해서 노인의 기억력, 언어능력, 수학능력, 운동능력, 일상생활의 기능을 유지하게 하거나 감퇴를 예방하고 회복하는 데 이용할 수 있다.[10)14)15)16)]

예를 들면 생활 속의 물품을 모아 각각의 이름을 써보게 하거나 낱말카드에서 찾아보게 하여 기억력 훈련을 할 수 있다. 또는 상자 속에 물품을 넣고 손으로 만져보고 물건 이름을 알아맞히는 감각훈련을 할 수 있다. 물품과 관련된 과거의 경험을 말해보는 언어훈련을 할 수 있고, 먹어보기 입어보기 등을 하여 일상생활 훈련을 할 수 있다.

레크레이션 도구는 주변의 물건을 활용하여 창의적으로 만들어서 사용할 수 있다. 페트병 뚜껑을 여러 개 모아 뚜껑에 숫자를 쓴 다음, 뚜껑들을 상자 속에 넣고 젓가락으로 꺼내게 해서 손과 눈의 협응 운동기능을 훈련하는 데 사용할 수 있다. 또는 꺼낸 숫자를 더하거나 곱해서 수학 능력을 훈련하는 데 이용할 수 있다.

전문적인 치료 레크레이션도 자원봉사에 활용할 수 있다. 치료 레크레이션에는 독서치료, 원예치료, 향기치료, 동물매개 치료, 웃음치료, 운동치료, 연극치료, 음악치료, 무용치료, 미술치료 등이 있다.

독서치료를 이용하는 경우 (1)관심 있는 사람이나 물건에 대한 단어를 적어 보고 이를 이용해 시나 글을 써보기 (2)몇 개의 단어를 이용하여 관심 있는 사람이나 물건을 표현해 보기 (3)가족 또는 친구에 관해 글쓰기 (4)자신의 삶에서 행복했던 경험과 고통스러웠던 경험에 대해 써보기 (5)바라는 것에 대해 써보기를 할 수 있다.[17)18)]

다양한 레크레이션을 해봄으로써 노인은 삶의 기능을 유지하고 그동안 해보지 못한 활동을 해보며 삶이 통합되는 것을 느끼게 할 수 있다. 여가활동은 노인에게 중요한 삶의 일부이므로 자원봉사자는 여가와 레크레이션을 지도할 수 있는 능력과 역량을 갖추는 것이 바람직하다.

자원봉사 관리 기관에서는 자원봉사자가 질 높은 자원봉사활동을 할 수 있도록 레크레이션의 종류와 방법, 기술에 관한 교육을 실시하는 것이 필요하다.

탐구 및 토의주제

- 노인을 대상으로 한 자원봉사 사례에 대해 조사해 보십시오.
- 노인 대상의 자원봉사활동을 하였을 때의 보람과 어려웠던 점을 기술해 보십시오.
- 노인 대상의 기억력 증진 자원봉사 교육프로그램을 만들어 보십시오.

CHAPTER 15

재난구호를 위한 자원봉사활동

이 장에서는 재난구호를 위한 자원봉사활동을 할 때 필요한 전문적인 정보와 지식, 기술에 대해 학습한다. 재난의 개념과 종류, 자원봉사활동에 참여하는 방법, 자원봉사자가 활동 시 유의해야 할 사항에 대해 알아본다.

CONTENTS

15.1 재난의 개념과 종류

울리히 벡(Ulrich Beck, 2006)은 과학의 발전으로 풍요로운 삶을 누리는 한편 통제불가능하고 불확실한 재난이 증가하고 있어 현대사회를 '위험사회'라 하였다.[1)]

환경오염, 원전 폭발사고, 기후 변화로 인한 재난 등 많은 위험에 직면해 있어 이를 예방하고 복구하는 데 필요한 자원봉사활동에 대한 요구가 증가하고 있다.

재난이란 국민의 생명·신체·재산과 국가에 피해를 주거나 줄 수 있는 것을 말한다. 재난의 종류에는 자연현상으로 인한 자연재난과 사회적 요인에 의한 사회재난이 있다.

자연재난은 침수, 태풍, 호우, 가뭄, 지진, 화산활동 등의 자연현상으로 인해 발생하는 재해를 말하고, 사회재난은 화재, 붕괴, 폭발, 교통사고, 환경오염사고, 에너지 및 통신 등 국가기반체계의 마비, 감염병, 가축전염병 등에 의한 피해를 말한다.[2)3)]

15.2 자원봉사활동 참여 방법

재난 복구에 자원봉사자로 참여하기를 원하면 지자체나 자원봉사센터, 통합자원봉사지원단, 1365자원봉사포털에 문의하여 참여할 수 있다. 재난현장에는 '재난 및 안전관리 기본법'에 따라 시군구에서 통합자원봉사지원단을 설치하여 자원봉사자를 모집하고 교육·배치한다.[3)]

자원봉사자는 관련기관의 모집에 사전 등록하거나 현장 접수를 통하지 않고 비공식적으로 피해복구에 참여하기도 한다. 활동 중 부상을 입었을 때 기관을 통해 보험금을 청구하여 보험 혜택을 받으려면 기관에 사전등록 또는 접수를 하도록 한다.[3][4]

위험하거나 전문성이 요구되는 활동에는 추가 피해가 발생할 수 있으므로 안전 확보 조치가 취해진 후 또는 전문교육을 이수한 후 자원봉사활동에 참여한다. 미성년자인 자녀와 함께 참여할 때는 더 많은 주의를 기울이고 기관에서 동의서를 요청하면 제출하도록 한다.[3]

15.3 자원봉사활동 방법

자원봉사자는 다른 자원봉사활동을 할 때보다 위험에 처할 수 있으므로 안전사고에 유의한다. 대부분의 재난 현장에는 시설물이나 유해물질로 인한 안전사고가 발생할 수 있다.

이를 예방하기 위해 활동하기 전 활동 장소의 위험요인을 파악한다. 시설물의 균열, 기울어짐, 함몰, 융기, 철근의 노출, 창이나 문의 개폐불량과 유해물질 등을 확인한다.[5]

안전하게 전신을 보호할 수 있도록 긴팔과 두꺼운 옷을 착용하고 안전장비를 착용하며 활동 후 갈아입을 의복을 준비한다.[2] 자원봉사활동으로 과로하지 않도록 휴식시간을 준수하고 감염에 유의한다.

단독행동을 하지 않도록 하고 부상을 입었을 때는 현장 책임자에게 알리도록 한다. 비상연락망을 미리 메모해 두고 인근 의료기관도 파악해둔다.[6]

자원봉사활동을 할 때는 활동 영역을 확인하여 사전에 전문교육이 필요하면 받도록 한다. 자원봉사활동 중 자원봉사자가 처리하기 어려운 문제가 발생하면 사고 본부에 연락하고 구호물품을 배부할 때는 유통기간 등이 적합한지 확인한다.

모든 피해자를 존중하고 공평하게 대하며 상대방의 의사를 확인하고 원하는 서비스를 제공하도록 한다. 기념 촬영을 하거나 큰소리로 웃고 떠드는 행동, 짙은 화장은 하지 않도록 한다.[3)]

피해자에게는 따뜻한 말로 위로하고 상실감을 이해하도록 한다. 대부분의 피해자는 충격적인 사건을 경험한 후 시간이 지나면 공포스러웠던 기억을 잊고 점차 안정을 찾아간다. 사고 이후 오히려 인격적으로 성장하는 '외상후성장'의 변화가 나타나기도 한다.

그러나 일부 피해자에게는 사고 후에도 공포감을 계속 재경험하며 고통을 느끼는 외상 후 스트레스 장애(PTSD)가 나타날 수 있다. 사고 초기에 충격에서 빠르게 회복될 수 있도록 자신이나 타인에 대한 원망과 분노, 의심, 죄책감과 같은 감정과 생각을 표현하면 경청하고 공감해 주도록 한다.[7)8)]

탐구 및 토의주제

- 자연재난이 있었을 때의 자원봉사활동 사례와 문제를 조사해 보십시오.
- 코로나19 발생 시의 자원봉사활동 사례와 문제를 조사해 보십시오.
- 전염병으로 인한 재난구호를 위한 자원봉사활동 지침을 만들어 보십시오.

참고문헌

제 1 장 이타성과 자원봉사

1) 권중돈. 2008. 전문 노인자원봉사 프로그램 매뉴얼. 보건복지가족부 노인지원과.
2) 이상욱. 이기적 유전자와 이타적 인간?. The Science Times, 2013.04.02. http://www. sciencetimes.co.kr.
3) Batson, C. D. & Powell, A. A. 2003. Altruism and prosocial behavior. In I. B. Weiner (Series Ed.),T. Millon (Vol. Ed.), & M. J. Lerner (Vol.Ed.), Handbook of psychology, 464-484.
4) 조명현. 2021. 이타행동에 영향을 미치는 정서와 공감의 상대적 효과. 한국콘텐츠학회논문지, 21(9), 652-662.
5) 박상수. 2002. 이기심과 이타심 그리고 합리성에 대한 비판적 연구. 산경논집, 15(2), 111-128.
6) 로버트 B. 라이시(Robert B. Reich), 이시형. 2008. 슈퍼자본주의(Supercapitalism: The Transformation of Business, Democracy). 김영사.
7) 신동호. 이기적 유전자는 왜 이타적 행동을 진화시켰을까. The Science Times, 2006.04.02. https://www.sciencetimes.co.kr.
8) 리차드 도킨스(Richard Dawkins), 홍영남·이상임 역. 2010. 이기적 유전자. 을유문화사.
9) 이주영. 이기적인 사람 이타적인 사람, 뇌활용 부위가 다르다. 연합뉴스, 2015. 06. 10. https://www.yna.co.kr.
10) 로렌 밀리오리(Lauren Migliore), 구승준 역. 남는 동전 좀 기부하실래요?. 브레인미디어, 2012.05.03. https://www.brainmedia.co.kr.

11) 정학경. 2017. 내 아이의 미래력. 라이팅하우스.
12) 나정민. 2007. 이타성은 진화론적으로 불안정한 전략인가? 이타적 인간의 출연과 행동경제학을 중심으로. BioWave, 9(18), 1-7.
13) 김학진. 2017. 이타주의자의 은밀한 뇌구조. 갈매나무.
14) McClelland, D. (1989). Motivational factors in health and disease. American Psychologist, 44, 675-683.
15) Luks, Allan & Payne, Peggy. 2001. The Healing Power of Doing Good. Lincoln: iUniverse.com, Inc.
16) 김연희. 남 돕는 이타적 행위가 나도 돕는다. The Science Times, 2011.02.16. https://www.sciencetimes.co.kr.
17) 권준수. 2021. 뇌를 읽다, 마음을 읽다. 21세기북스.
18) 윤경일. 내 마음대로가 아니라 뇌 마음대로다. 정신의학신문, 2020.12.02. http://www.psychiatricnews.net.
19) 마이클 토마셀로(Michael Tomasello), 허준석 역. 2011. 이기적 원숭이와 이타적 인간: 인간은 왜 협력하는가. 이음.
20) 박진영. 아이에게 이타심을 가르치는 법. 동아사이언스, 2019.12.07. https://www.dongascience.com.
21) Vaish, A., Carpenter, M., & Tomasello, M. (2010). Young children selectively avoid helping people with harmful intentions. Child Development, 81, 1661-1669.
22) Kenward, B., & Dahl, M. 2011. Preschoolers distribute scarce resources according to the moral valence of recipients' previous actions. Developmental Psychology, 47, 1054-1064.
23) 김이진. 아기의 이타심은 어떻게 길러질까?. EBS 뉴스G, 2015.02.26. https://news.ebs.co.kr/ebsnews.
24) 박채린, 송현주. 2019. 도움행동에 대한 영아의 사회적 평가. 한국심리학회지: 발달, 32(2), 65-77.
25) 임종빈. 15개월 아기도 공정성 판단. KBS NEWS, 2011.10.11. https://news.kbs.co.kr/news.

26) 전자신문. 15개월 아기도 공정성-이타심 있다…“협력행동” 눈길. 2011.10.11. https://m.etnews.com.
27) 이현정. 음악에 맞춰 아기 흔들어주면 사회적 유대감 강화된다. 헬스조선뉴스, 2014.06.27. https://m.health.chosun.com.
28) 임경진. 일본인들의 개인주의 성향을 바꿨던 한 한국인 희생. 톱스타뉴스, 2020. 10. 22. https://www.topstarnews.net.
29) 애덤 스미스(Adam Smith), 박세일·민경국 공역. 2009. 도덕감정론(The Theory of Moral Sentiments). 비봉출판사.
30) 박진영. 박진영의 심리학: 작은 선행이 나쁜 행동을 부른다. 동아사이언스, 2018.09.29. https://www.dongascience.com.
31) Blanken, I., van de Ven, N., & Zeelenberg, M. 2015. A meta-analytic review of moral licensing. Personality and Social Psychology Bulletin, 41, 540-558.
32) 최인철. 순수 이타성을 넘어 이기적 이타성으로. 중앙일보, 2018.10.24. https://www.joongang.co.kr.
33) 최인철. 2021. 아주 보통의 행복. 21세기북스.
34) 보건복지부. 2023. 지역사회서비스 투자사업 안내.
35) 유발 하라리(Yuval Noah Harari), 김명주 역. 2017. 호모데우스. 김영사.
36) 교양교재편찬위원회. 2008. 불교학개론. 동국대학교출판부.
37) 이중표. 2017. 불교란 무엇인가. 불광출판사.
38) 우룡. 2013. 불교란 무엇인가. 효림출판.
39) 한병수. 2017. 기독교란 무엇인가. 복있는 사람.
40) 길철영. 1995. 믿음과 삶의 윤리학: 기독교 윤리학 방법과 과제. 장로회신학대학교출판부.
41) 김창영 감수. 2007. 굿데이 성경. 생명의 말씀사.

제 2 장 자원봉사활동의 개념과 유사한 활동

1) 법제처국가법령정보센터. 자원봉사활동 기본법, 2022.07.26. https://www.law.go.kr.
2) 로버트 B. 라이시(Robert B. Reich), 이시형. 2008. 슈퍼자본주의(Supercapitalism: The Transformation of Business, Democracy). 김영사.
3) 이세현. 2020. 대법 "매달 정기적 임금받은 자원봉사자는 근로자 해당". news1, 2020.07.22. https://m.news1.kr.
4) 서울특별시사회복지협의회. 사회복지상담-유급자원봉사의 기준. 2013.09.16. http://s-win.or.kr.
5) Authorized U.S. Government Information. 1997. Volunteer Protection Act. https://www.govinfo.gov.
6) 조명덕. 2011. 미국의 자원봉사 참여스타일의 변화. 현상과 인식, 115호, 61-89.
7) Herman, Melanie Lockwood. 2022. Employee or Volunteer: What's the Difference?.Nonfprofit Risk Management Center. https://nonprofitrisk.org.
8) 미주(워싱턴)주재관. 케네디 의원 자원봉사법. 국회사무처, 2009.04.30. https://nas.na.go.kr.
9) 세계일보. "미 젊은이들 자원봉사에 나서주오". 2009.04.22. https://www.segye.com.
10) 한국자원봉사연합회. 자료실-자원봉사 휴가. 2014.10.22. http://www.volunteer.or.kr.
11) 고용노동부. 실업급여 지급 요건 강화… 무엇이 달라지나. 대한민국정책브리핑, 2022.06.29. https://www.korea.kr.
12) 신동근. 대법 "수당 받는 풀타임 상시 자원봉사자는 사실상 근로자". 아주경제, 2020.07.22. https://www.ajunews.com.
13) 서울특별시사회복지사협회. 2020. 노동상담센터- 유급자원봉사 근로신고 처리. 2020.05.21. https://sasw.or.kr.
14) 1365자원봉사포털. 자원봉사란?. 2022.05.12. https://www.1365.go.kr.

15) 라틴어-한국어 사전. voluntas. 2022.05.12. https://latina.bab2min.pe.kr.
16) 종합법률정보. 벌금 미납자의 사회봉사 집행에 관한 특례법. 2022. 10. 01. https://glaw.scourt.go.kr.
17) 네이버 지식백과. 사회봉사명령제. 2022. 09. 27. https://terms.naver.com.
18) 매일경제용어사전. 사회봉사명령제. 2022. 09. 27. https://terms.naver.com.
19) 류기형, 남미애, 박경일, 홍봉선, 강대선, 배의식. 2018. 자원봉사론. 양서원.
20) 김성이. 1997. 봉사학습의 개념과 실천원칙에 관한 연구. 사회과학연구논총, 창간호, 41-61.
21) 박가나. 2014. 학교중심 봉사학습의 유형 및 내용분석. 청소년학연구, 21(6), 27-57.
22) 한국지방신문협회. (경인일보)봉사라는 이름으로...청년들 '공짜 노동'. 2021. 05.28. http://www.lpk.kr.
23) 윤가현. 청소년자원봉사, 노동?봉사?착취?. 청소년신문 요즘 것들. 2014. 9.15. https://yosm.asunaro.or.kr.
24) 행정안전부. 2020. 2020자원봉사활동 실태조사 및 자원봉사활동 기본법 개정 연구.
25) 조명덕. 2011. 미국의 자원봉사 참여스타일의 변화. 현상과 인식, 115호, 61-89.
26) Administration on Aging. 2012. Family caregiver support program. Retrieved June 11, 2011. http://www.aoa.gov.
27) 김성희, 우혜영. 2013. 노인돌봄 가족을 지원하는 지역사회서비스: 한국과 미국의 비교를 통한 정책 제언. Family and Environment Research, 51(3), 275-284.
28) EBS 지식채널 e. 아는 사람 이야기-삼풍백화점붕괴, 태안반도의 기름 유출, 강원도 산불 자원봉사자. 2019.5.28. https://jisike.ebs.co.kr.
29) 국립국어원. 착하다. 표준국어대사전, 2022.11.02. https://stdict.korean.go.kr.
30) Oxford University press. 착하다. OxfordLanguages, 2022.11.02. https://languages.oup.com.

31) 인권환. 흥부전. 한국민족문화대백과사전, 2023.09.20. https://encykorea.aks.ac.kr.
32) 이상국. '착하다'라는 말은 착하지 않다. 아주경제, 2018.05.31. https://www.ajunews.com.
33) 김창영 감수. 2007. 굿데이 성경. 생명의 말씀사.
34) 안네마리 피퍼(Anne Marie Pfeiffer), 이재황 역. 2002. 선과 악(Good and Evil). 이끌리오.
35) 스티븐 핑커(Steven Pinker), 김영남 역. 2014. 우리 본성의 선한 천사(The Better Angels of Our Nature). 사이언스북스.
36) 라인하르트 할러(Reinhard Haller), 신혜원 역. 2021. 악의 얼굴은 바뀌고 있다(Daz Ganz Normale Bose). 지식의숲
37) 제프리 버튼 러셀(Jeffrey Burton Russell), 김영범 역. 2006. 사탄-초기 기독교의 전통(satan). 르네상스.
38) 이충기. 의료윤리의 원칙들-선행의 원칙. 후생신보, 2015.07.23. http://www.whosaeng.com.
39) 정규원. 2002. 의료행위에서의 온정적 간섭주의와 자율성 존중. 법철학연구, 5(1), 231-254.
40) 아주경제. 인터넷 게시글로 시작된 '착한 사마리아인법'논란... 사회연대 강화할까. 2021.07.12. https://www.ajunews.com.
41) 국립국어원 표준국어대사전. 자선. 2022.10.02. https://stdict.korean.go.kr.
42) 국가법령정보센터. 기부금품의 모집 및 사용에 관한 법률. 2023.03.17. https://www.law.go.kr.
43) 찾기 쉬운 생활법령정보. 기부나눔이란. 2023. 03.17. https://easylaw.go.kr.
44) 전라남도자원봉사센터. 자원봉사란?. 2022. 09.16. http://jnvc1365.or.kr.
45) 찰스 디킨스(Charles Dickens), 김옥수역. 2016. 크리스마스 캐럴. 비꽃.
46) 최윤필. 기부자들을 야단친 자선활동가. 한국일보, 2022.12.26. https://www.hankookilbo.com.
47) 최원규. 사회복지의 날 단상. 전북일보, 2015.09.16. https://www.jjan.kr.
48) 중앙일보. 향약·두레가 남긴 '상부상조 DNA' 지금도 변함없어. 2014.05.11.

https://www.joongang.co.kr.
49) 구혜영. 2018. 자원봉사론. 신정.
50) 김의영. 2006. 자원봉사론. 홍익출판사.
51) 서울종합방재센터. 자원봉사자. 2022.05.12. https://119.seoul.go.kr.
52) Oxford Learner's Dictionaries. volunteer. 2022. 09.15. https://www.oxfordlearnersdictionaries.com.

제 3 장 자원봉사활동의 특성과 관련된 요인 및 기능

1) 1365자원봉사포털. 자원봉사란?. 2022.05.12. https://www.1365.go.kr.
2) 댄 애리얼리(Dan Ariely), 장석훈 역. 2018. 상식 밖의 경제학(Predictably Irrational). 청림출판.
3) 통계청. 자원봉사참여율. e-나라지표. 2022.09.30. http://www.index.go.kr.
4) 김태연, 김욱진. 2016. 유급노동과 무급자원봉사의 관계. 한국지역사회복지학, 57, 31-56.
5) 행정안전부. 2017. 자원봉사활동 실태조사 및 활성화 방안 연구.
6) 김성희. 2017. 인간관계와 의사소통. 공동체.
7) 테드 겁 (Ted Gup), 공경희 역. 2010. Mr. 버돗의 선물(A Secret Gife). 중앙북스.
8) tvN. 미국의 붕괴위기 경제대공황. 벌거벗은 세계사. 21. 08. 10. http://program.tving.com/tvn/history.
9) 이성록. 2003. 자원봉사활동. 학문사.
10) 권중돈. 2008. 전문 노인자원봉사 프로그램 매뉴얼. 보건복지가족부 노인지원과.
11) 법제처 국가법령정보센터. 자원봉사활동 기본법. 2022.07.26. https://www.law.go.kr.
12) 전라남도자원봉사센터. 자원봉사란?. 2022. 10.31. http://jnvc1365.or.kr.
13) Parsons, Talcott. 1951. The social system. New York: The Free Press.

14) Merton, R. K. 1949. Social theory and social structure. Glencoe, IL: Free Press.

15) Snyder, M., Clary, E. G. and Stukas, A. A. 2000. The Functional approach to volunteerism. In G. Maio and J. Olson(Eds.) Why we evaluate: Functions of attitudes, 365-393. NJ: Lawrence Erlbaum.

16) Clary, E. G., M. Snyder, R. Ridge, J. Copeland, A. A. Stukas, J. Haugen, and P. Miene, 1998. Understanding and assessing the motivation of volunteers: A functional approach. Journal of Personality and Social Psychology, 74: 1516-1530.

17) 강대선, 배의식, 류기형. 2010. 자원봉사자의 참여동기와 유형별 자원봉사 과업만족도 및 지속의지와의 관계에 관한 연구-기능주의 동기 관점을 중심으로. 한국사회복지학, 62(4), 59-77.

제 4 장 사회복지와 자원봉사활동

1) 한림과학원 편. 2013. 복지국가의 현재와 미래. 나남.

2) 전재성, 이지순, 양승목, 김영식, 곽금주, 구인회, 황익주, 김홍중, 김용창, 김세균. 2012. 사회과학 명저 재발견 3. 서울대학교출판문화원.

3) 김경우, 양승일, 강복화. 2008. 사회복지정책론. 창지사.

4) 원석조. 2008. 사회복지발달사. 공동체.

5) Wilensky, H.L. & Lebeaux, C.N. 1958. Industrial Society and Social Welfare. New York: Russell Sage Foundation,

6) 정진화. 2020. 복지국가: 이론, 사례, 정책. 명인문화사.

7) 박병현. 2021. 사회복지정책의 논쟁적 이슈. 양서원.

8) Titmuss, Richard M. 1974. Social Policy: An Introduction, edited by Brian Abel-Smith and Kay Titmuss, Allen and Unwin. London: Cambridge University Press.

9) Esping-Andersen, G. 1990. The Three Worlds of Welfare Capitalism. Princeton University Press.

10) G. 에스핑앤더슨(Esping-Andersen), 박시종 역. 2007. 복지자본주의의 세 가지 세계(The Three Worlds of Welfare Capitalism). 성균관대학교출판부.
11) 정현경. 2022. 에스핑-앤더슨의 복지국가체제를 중심으로 한국형 복지국가의 준거틀에 관한 연구. 산업진흥연구, 7(2), 43-49.
12) 이인희. 2005. 복지다원주의의 패러다임에 관한 연구. 한국정책과학학회보, 9(4), 215-237.
13) 김성이, 박영희 편저. 2005. 자원봉사총론. 양서원.
14) 류기형. 2009. 자원봉사론. 양서원.
15) 남기민. 2011. 사회복지정책론. 학지사.
16) 관계부처합동. 2018. 자원봉사활동 진흥을 위한 제3차 국가기본계획 [2018~2022].
17) 행정안전부. 자원봉사활동 진흥 제1차 국가기본계획 시행. 대한민국정책브리핑. 2008.03.06. https://www.korea.kr.
18) 최상미, 신경희, 이혜림. 2017. 서울시 자원봉사 실태와 활성화방안. 서울연구원.
19) 한국지방신문협회. (경인일보)봉사라는 이름으로...청년들 '공짜 노동'. 2021. 05.28. http://www.lpk.kr.
20) 윤가현. 청소년자원봉사, 노동?봉사?착취?. 청소년신문 요즘 것들. 2014. 9.15. https://yosm.asunaro.or.kr.
21) 김미애. 2014. 한국 사회적 기업의 발전 방향에 관한 연구: 외국 사회적 기업의 동향과의 비교를 중심으로. 호서대학교 대학원 석사학위논문.
22) Janelle A. Kerlin, 조영복 역. 2010. 사회적기업:국제비교. 시그마프레스.
23) 한국사회적기업진흥원. 사회적 기업이란?. 2021.11.29. https://www.socialenterprise.or.kr.
24) 존 엘킹턴, 파멜라 하티건(John Elkington & Pamela Hartigan). 2008. 세상을 바꾼 비이성적인 사람들의 힘(The Power of Unreasonable People). 에이지21.
25) 오혜정. 세계 Top 10 사회적 기업가를 찾아서 ②'아쇼카재단' 창업자 빌 드레이튼. 조선미디어, 2010. 05.18. https://futurechosun.com/archives/196.
26) 여성신문. 무하마드 유누스 그라민 은행 총재. 2007.09.14. http://www.

womennews.co.kr.
27) 오혜정. 더 나은 미래, 세계 TOP 10 사회적 기업가를 찾아서 인도 '베어풋컬리지'벙커 로인 대표. 조선일보, 2010.08.24. https://www.chosun.com.
28) 오혜정. 더 나은 미래, 세계 TOP 10 사회적 기업가를 찾아서 英'글로벌 에식스'창업자 던칸 구즈. 조선일보, 2010.07.27. https://www.chosun.com.
29) 한국중앙자원봉사센터, 한국사회적기업진흥원. 사회적 경제와 자원봉사 "협력적 파트너십이 중요. 자원봉사와 사회적 경제 공동포럼. lifein, 2021.07.07. http://www.lifein.news.

제 5 장 자원봉사와 관련된 이론

1) 위키백과. 2022. 03.07. 죄수의 딜레마. http://ko. wikipedia.org.
2) 김성희. 2017. 인간관계와 의사소통. 공동체.
3) 로버트 액셀로드(Robert Axelrod), 이경식 역. 2009. 협력의 진화(The evolution of cooperation). 시스테마.
4) 위키백과. 텃포탯. 2022. 03.25. https://ko.wikipedia.org.
5) 리처드 탈러(Richard H. Thaler)와 캐스 선스타인(Cass Sunstein), 이경식 역. 2022. 넛지(Nudge). 리더스북.
6) 대니얼 카너먼(Daniel Kahneman), 이진원 역. 2012. 생각에 관한 생각(Thinking, Fast and Slow). 김영사.
7) 동아비즈니스리뷰(DBR). 2009. 넛지로 재평가된 동양식 배려. 42호(10월 1호), https://dbr.donga.com.
8) Dr. Fish. 이타성과 친사회적 행동. 한국행동경제학연구소. 2019.04.03. https://kberi.wordpress.com.
9) 권남호. 2018. 넛지(Nudge)를 활용한 공공정책: 환황과 시사점. 한국조세재정연구원.
10) 양용현. 메뉴 줄이고, 요금 단순하게…'똑똑한 정보'가 지갑 연다. Chosun Biz, 2017.09.25. https://biz.chosun.com.
11) Homans, G. C. 1958. Social behavior as exchange. American Journal of

Sociology, 63, 597-606.
12) Blau, P. M. 1964. Exchange and power in social life. New York: John Wiley.
13) Vroom, V. H. 1964. Work and motivation. San Francisco, CA: Jossey-Bass.
14) Maslow, A. H. 1943. A Theory of Human Motivation. Psychological Review, 50, 370-396.
15) 구혜영. 2018. 자원봉사론. 신정.
16) Francies, G.R.. 1983. Volunteer needs profile: a tool for reducing turnover. Journal of volunteer administration, 1(4), 17-33.
17) Dahrendorf, R. 1959. Class and class conflict in industrial society. California: Stanford university press.
18) 이성록. 1998. 제 4 의 물결: 자원봉사활동. 학문사.
19) 김범수. 2021. 자원봉사론. 학지사.
20) 김준기. 2006. 한국 사회복지 네트워크의 구성과 효과성. 서울대학교출판부.
21) 이용표. 2005. 지역사회네트워크와 지역복지조직의 활동방향. 사회복지리뷰, 10, 113-132.
22) 김용학. 2003. 사회연결망 이론. 박영사.
23) 행정안전부 보도자료. 더 새롭게 더 편리하게 1365자원봉사포털 전면 개편. 2020.04.06. https://www.mois.go.kr.
24) 청소년활동정보서비스. 2022. https://www.youth.go.kr.
25) 사회복지자원봉사인증관리. 2022.08. https://www.vms.or.kr.
26) 구혜영. 코로나 이후 사회복지자원봉사, 어떻게 준비해야 할까?. 복지타임즈, 2023.07.20.http://www.bokjitimes.com.
27) 박현식, 김준경, 구재관, 박지현, 정지웅. 2018. 지역사회복지론. 양서원.
28) 앨버트 라슬로 바라바시(Albert-Laszlo Barabasi). 2002. 링크(Linked). 동아시아.
29) 이덕희. 2008. 네트워크 이코노미. 동아시아.

제 6 장 현대사회의 특징과 자원봉사의 필요성

1) 조원경. 2022. 식탁 위의 경제학자들. 페이지2북스.
2) 한겨레. 사회가 1:99로…재원 누진성 강화 등 획기적 조치 필요. 2019.10.25. https://www.hani.co.kr.
3) 로버트 라이시(Robert B. Reich), 오성호 역. 2001. 부유한 노예(Future of success). 김영사.
4) 제러미 리프킨(Jeremy Rifkin), 이희재 역. 2001. 소유의 종말(The Age of Access). 민음사.
5) 울리히 벡(Ulrich Beck), 홍성태 역. 2006. 위험사회(Risikogesellschaft). 새물결.
6) E. F. 슈마허 (Ernst Friedrich Schumacher), 골디언 밴던브뤼크 엮음, 이덕임 역. 2010. 자발적 가난(Less is More). 그물코.
7) 엘빈 토플러와 하이디 토플러(Alvin Toffler & Heidi Toffler), 김중웅 역. 2006. 부의 미래(Revolutionary Wealth). 청림출판.
8) 황경식. 2018. 존 롤스 정의론. 쌤앤파커스.
9) 윤정용. 공정한 세상을 만드는 원칙. 고대신문, 2020.11.29. http://www.kunews.ac.kr.
10) 유발 하라리(Yuval Noah Harari), 김명주 역. 2017. 호모데우스-미래의 역사(Homo Deus). 김영사.
11) 김창일. 서울의료원, 서울역광장으로 “찾아가는 무료 진료”. 내 손안에 서울, 2018.12. 20. https://opengov.seoul.go.kr.
12) 두산백과. 휴머니즘. 2022. 05.09. http://www.doopedia.co.kr.
13) 철학사전편찬위원회. 휴머니즘. 철학사전, 2022.05.09. https://terms.naver.com.
14) 서울대학교 철학사상연구소. 휴머니즘. 2022. 05.09. https://terms.naver.com.
15) 박수경. 2006. 자립생활 패러다임에 따른 장애인의 사회통합에 관한 연구: 생애주기를 중심으로. 한국사회복지학, 58(1), 237-264.
16) 이복실. 2014. 자기결정. 김진우 편저, 발달장애인복지론. EM커뮤니티.

17) 안관옥. 시각장애 이겨낸 박사학위 '나비효과' 일으켰으면. 한겨레, 2020.02.13. https://www.hani.co.kr.
18) 제임스 글릭(James Gleick), 박래선 역. 2013. 카오스(Chaos). 동아시아.
19) 이성록. 2003. 자원봉사활동. 학문사.
20) 예종석. 2006. 노블레스 오블리주 -세상을 비추는 기부의 역사. 살림.
21) 중앙일보. 노블레스 오블리주. 2006.06.25. https://www.joongang.co.kr.
22) 정현진. 전쟁나면 재산 내놓고 최전방 섰던 귀족 정신. 중앙일보, 2015.12.16. https://www.joongang.co.kr.
23) 박상익. 노블레스 오블리주의 상징 '칼레의 시민'. 중앙일보, 2010.05.25. https://www.joongang.co.kr.
24) EBS 지식채널e. 여섯 명의 시민들. 2007.04.30. https://jisike.ebs.co.kr/jisike.
25) EBS 지식채널e. 이튼칼리지 600년의 교훈. 2020.02.06. https://jisike.ebs.co.kr/jisike.
26) EBS 지식채널e. 독립공신: 6형제 이야기. 2019.03.12. https://jisike.ebs.co.kr/jisike.

제 7 장 자원봉사활동과 관련된 철학

1) 제러미 벤담과 존 스튜어트 밀(Jeremy Bentham & John Stuart Mill), 정홍섭 역. 2018. 벤담과 밀의 공리주의(An Intorduction to The Principles of Morals and Legislation). 좁쌀한알.
2) 강준만. 2017. 왜 '최대 다수의 최대 행복'은 비판을 받는가?. 인물과 사상, 236호, 36-65.
3) 피터 칼레로(Peter Callero), 김민수 역. 2019. 개인주의 신화: 우리는 왜 개인이 아닌가(Myth of Individualism: How Social Forces Shape Our Lives). 황소걸음.
4) 두산백과. 개인주의. 2023.05.18. https://terms.naver.com.
5) 울리히 벡(Ulrich Beck), 홍성태 역. 2006. 위험사회(Risikogesellschaft). 새

물결.

6) 마이클 샌델 (Michalel J. Sandel), 이창신 역. 2010. 정의란 무엇인가(Justice: What's the right thing to do?). 김영사.
7) 황경식. 2018. 존 롤스의 정의론. 쌤앤파커스.
8) 김성희. 2017. 인간관계와 의사소통. 공동체.
9) 두산백과. 근대적 합리주의. 2023.05.18. https://terms.naver.com.
10) 데이비드 엘킨트(David Elkind). 이동원·김모란·윤옥경 역. 1999. 변화하는 가족(Ties That Stress: The New Family Imbalnace). 이화여자대학교 출판부.
11) 채사장. 2015. 지적 대화를 위한 넓고 얕은 지식2. 웨일북.
12) 이성록. 2003. 자원봉사활동. 학문사.
13) 국립국어원. 시민. 표준국어대사전, 2022. 07. 22. https://stdict.korean.go.kr.
14) 박균열. 2013. 현대 한국의 시민의식 실태조사 내용체계와 향후 과제. 윤리연구, 93, 1-33.
15) 진창남, 김성준. 2019. 시민자원봉사와 기업사회공헌의 관계성 연구: 제주지역을 중심으로. 공공정책연구, 36(20), 369-389.
16) 김수미. 2016. 자원봉사 시민(volunteer-citizen)되기-신자유주의 생존윤리와 청년세대. 언론과 사회, 24(3), 128-177.
17) 나종석. 2009. 고대 아테네의 민주주의 이념과 역사. 세계의 민주주의. 민주화운동기념사업회.
18) EBS다큐프라임. 민주주의 1부: 시민의 권력의지. 2019.01.29. https://www.youtube.com.
19) 조일수. 2011. 공화주의적 시민성에 대한 연구-아테네적 전통과 로마적 전통의 차이를 중심으로. 윤리연구, 80, 291-316.
20) 김경현. 2012. 로마제국의 흥망. 서양고대사연구, 33, 33-96.
21) EBS. 강대국의 비밀1부: 로마 시민권. 2019.01.29. https://www.youtube.com.
22) 강철구. 유럽중세도시의 실사. 프레시안, 2007.11.15. https://www.pressian.com.

23) 위키백과. 중세 사회 계급. 2022.07.12. https://ko.wikipedia.org/wiki.
24) 한림학사. 2007. 사회계약설. 통합논술 개념어 사전, https://terms.naver.com.
25) 서울대학교 철학사상연구소. 사회계약론. 2022.07.12. https://terms.naver.com.
26) 김동배. 2020. 시민사회와 자원봉사. 학지사.
27) 최영출. 2002. 거버넌스 이론과 지역발전전략. 지역발전과 거버넌스. 252호, 5-15.
28) 장미경. 2001. 시민권(citizenship)개념의 의미 확장과 변화: 자유주의적 시민권 개념을 넘어서. 한국사회학, 35(6), 59-77.

제 8 장 자원봉사의 역사

8.1 영국의 자원봉사 역사

1) 존 스토트(John Stort), 박영호 역. 1989. 현대사회문제와 기독교적 답변. 기독교문서선교회.
2) 민유기, 홍용진, 기계형, 남성현, 박진빈, 한국서양사학회 기획. 2016. 서양사 속 빈곤과 빈민. 책과함께.
3) 정기문. 2018. 역사는 재미난 이야기라고 믿는 사람들을 위한 역사책. 책과함께.
4) 진원숙. 초기 기독교 이야기. 살림. 2007.
5) 김경우, 양승일, 강복화. 2008. 사회복지정책론. 창지사.
6) Ken Jones저, 이소정역. 2004. 영국의 실업급여 연구. 한국노동연구원.
7) 원석조. 2019. 영국 사회복지의 역사-빈민법에서 복지국가까지. 공동체.
8) 리랜드 라이큰(Leland Ryken), 김성웅 역. 1999. 청교도-이 세상의 성자들(Worldly Saints - The Puritans As They Really Were.). 생명의 말씀사.
9) 남궁준, 김근주, 구미영. 2019. 영국 근로시간법제의 변천과 정책적 시사점. 한국노동연구원.

10) 박명혜, 변진숙. 2020. 자원봉사론. 동문사.
11) 고재욱, 신기원, 황인옥, 최승완. 2021. 자원봉사론. 동문사.
12) 이창곤. 2019. 영국사회복지 역사 연구의 동향과 시사점. 사회복지역사연구, 2, 92-108.
13) 류기형, 남미애, 박영일, 홍봉선, 강대선, 배의식. 2019. 자원봉사론. 양서원.
14) 신윤창, 손경숙. 2008. 자원봉사활동의 이론적 연구: 한국과 외국의 자원봉사활동을 중심으로. 한국행정과 정책연구, 6(1), 123-148.
15) 구혜영. 2018. 자원봉사론. 신정.

8.2 미국의 자원봉사 역사

1) 조명덕. 2011. 미국의 자원봉사 참여스타일의 변화. 현상과 인식, 115, 61-89.
2) 박명혜, 변진숙. 2016. 자원봉사론. 동문사.
3) 토크빌(Tocqueville). 임효선·박지동 역. 1997. 미국의 민주주의(Democracy in America). 한길사.
4) 안소현. 2000. 토크빌의 시민사회론에 대한 비판적 연구. 서울대학교 대학원 석사학위논문.
5) 김홍섭. 2015. 존 칼빈의 경제, 경영 사상과 현대적 적용에 대한 연구. 한국항만경제학회지, 31(1), 147-169.
6) 피터 툰(Peter Toon). 양낙흥 역. 2009. 청교도와 칼빈주의(Puritans and Calvinism). Clc(기독교문서선교회).
7) 김양미. 2012. 미국사회복지정책의 경과와 특징. 민족연구, 51, 125-150.
8) 박병현. 2005. 복지국가의 비교: 영국, 미국, 스웨덴, 독일의 사회복지역사와 변천. 공동체.
9) 류기형, 남미애, 박경일, 홍봉선, 강대선, 배의식. 2018. 자원봉사론. 양서원.
10) 진원숙. 2007. 초기 기독교 이야기. 살림.
11) 사라 에반스(Sara Evans), 조지형 역. 1998. 자유를 위한 탄생: 미국 여성의 역사(Born for Liberty: A History of Women in America), 이화여자대학교 출판부.
12) 이창신. 2004. 미국 여성사. 살림.

13) 이창신. 1998. 남북 전쟁의 여성사적 접근 남부 지방 여성들의 활동을 중심으로. 미국사연구, 8, 163-186.
14) Eggleston, Larry. G. 2009. Women in the Civil War: Extraordinary Stories of Soldiers, Spies, Nurses, Doctors, Crusaders, and Others. McFarland.
15) 제인 아담스(Jane Addams), 심대관 역. 2008. 헐하우스에서 20년(Twenty years at Hull-House). 지식의 숲.
16) Wikipedia. Settlement movement. 2023.03.01. https://en.wikipedia.org.
17) 중앙일보. 선진국의 자원봉사 6. 미국-미정부의 제도적 지원. 1994.09.25. https://www.joongang.co.kr.
18) 중앙일보. 봉사로 기쁨찾자: 미국 필라델피아 자원봉사대회 결산. 1997.05.01. https://www.joongang.co.kr.
19) 세계일보. 美 젊은이들 자원봉사에 나서 주오. 2009. 04. 22. https://m.segye.com.
20) 한국사회복지관협회. 1997. 미국의 자원봉사 유래와 현황. 동인.
21) 박세경. 2010. 미국 국가봉사단 AmeriCorps의 활동현황. 한국보건사회연구원.
22) 연합뉴스. KF, 한국서 봉사활동한 미평화봉사단에 코로나 방역키트 전달. 2020.10.22. https://www.yna.co.kr.
23) 최일섭, 고기숙, 구자행, 이창호, 정진경. 2007. 자원봉사활동 진흥을 위한 국가기본계획수립 연구용역. 한국자원봉사협의회.

8.3 한국의 자원봉사 역사

1) 김성희. 2009. 일-가정 양립 실태와 사회적 지원의 방향성 비교: 가족친화적이었던 조선시대를 중심으로. 한국가족자원경영학회지, 13(4), 1-16.
2) 김성희. 2000. 『쇄미록』에 나타난 16세기 가장의 역할. 한국가정관리학회지, 18(4), 13-23.
3) 이성임. 2005. 16세기 양반사회의 "선물경제". 한국사연구, 130, 53-80.
4) 오희문. 1990. 쇄미록. 해주오씨추탄공파종중.
5) 유희춘. 1992. 미암일기 제1집. 담양향토문화연구회.
6) 원석조. 2008. 사회복지발달사. 공동체.

7) 신재명, 노무지. 2007. 사회복지발달사. 청목출판사.
8) 류기형, 남미애, 박경일, 홍봉선, 강대선, 배의식. 2019. 자원봉사론. 양서원.
9) 이성록. 2003. 자원봉사활동. 학문사.
10) 주강현. 두레. 한국민속대백과사전, 2023. 02. 15. https://folkency.nfm.go.kr.
11) 두산백과. 두레. 2023. 02.20. https://terms.naver.com.
12) 한국민족문화대백과사전. 두레. 2023. 02.18. https://encykorea.aks.ac.kr.
13) 윤수종. 농계. 한국민속대백과사전, 2021. 09. 29. https://folkency.nfm.go.kr.
14) 두산백과. 계. 2023. 02.20. https://terms.naver.com.
15) 한국민족문화대백과사전. 계. 2023. 02.18. https://encykorea.aks.ac.kr.
16) 두산백과. 향약. 2023. 02. 20. https://terms.naver.com.
17) 한국민족문화대백과사전. 향약. 2023. 02. 18. https://encykorea.aks.ac.kr.
18) 국립국어원. 치계미. 2023. 02.19. https://ko.dict.naver.com.
19) 위메이크뉴스. 2020년 입동 그 시기와 풍습. 2020.11.07. https://post.naver.com/viewer.
20) 김해빈. 상치마당. 한국NGO신문, 2017.07. 21. http://www.ngonews.kr/97336.
21) 고려대학교 민족문화연구원. 마당쓸이. 고려대한국어대사전, 2023.02.19. https://ko.dict.naver.com.
22) 어학사전. 좀도리. 2023. 02.19. https://dict.naver.com.
23) 국립국어원. 배장. 표준국어대사전. 2023. 02.19. https://ko.dict.naver.com.
24) MBN. 빈대떡 유래, 가난한 빈자들의 떡 빈자떡…세월 흘러 빈대떡으로 변화. 2015.01.15. https://star.mbn.co.kr.
25) 서울역사편찬원. 2009. 녹번동. 서울지명사전, https://terms.naver.com.
26) 중도일보. 영득사 '월천공덕'으로 한 해의 안녕 기원. 2015.03.01. http://www.joongdo.co.kr.
27) 김덕권. 공덕이 없으면 바늘지옥... 더불어 사는 세상 공덕송. 뉴스프리존, 2020.06.05. http://www.newsfreezone.co.kr.

28) 한국민족문화대백과사전. 의병. 2023.02.18. https://encykorea.aks.ac.kr.
29) 변태섭. 2007. 한국사통론. 삼영사.
30) 국사편찬위원회. 한민족독립운동사. 한국사데이타베이스, 2021.10.09. http://db.history.go.kr.
31) EBS 지식채널e. 대한독립군대장. 2020.09.09. https://www.youtube.com.
32) EBS 역사채널e. 어떤젊음. 2012.12.12. https://www.youtube.com.
33) 한국YWCA연합회. 2021.10.09. https://namu.wiki/w/YWCA.
34) YMCA KOREA. 2021.10.09. http://www.ymcakorea.kr.
35) 대한적십자사. 2021.10.09. https://www.redcross.or.kr.
36) 행정안전부 국가기록원. 조선총독부기록물. 2021.10.09. https://theme.archives.go.kr.
37) 송길섭. 1997. 보혜여자관. 한국민족문화대백과사전, https://encykorea.aks.ac.kr.
38) 장병욱. 1979. 한국감리교여성사. 성광문화사.
39) 기감총리원교육부. 1975. 한국감리교회사.
40) 문인숙. 1997. 태화기독교사회복지관. 한국민족문화대백과사전, https://encykorea.aks.ac.kr.
41) 이덕주. 1993. 태화기독교사회복지관의 역사. 태화기독교사회복지관.
42) 양주삼. 1934. 조선남감리교회30년기념보.
43) 대한감리교회총리원. 1929. 기독교감리교회사.
44) 예지숙. 2017. 조선총독부 사회사업의 전개와 성격(1910-1936년). 서울대학교 국사학과 박사학위논문.
45) 예지숙. 2021. 일제시기 사회사업 외곽단체의 설립과 활동. 인문학연구, 제61집, 290-316.
46) 김용식. 부산자원봉사 30년의 발자취를 찾아서. 부산여성신문, 2021.03.31. https://www.wnews.or.kr.
47) 김한구, 안성호, 정하성, 황택주, 권중돈, 이창수, 박진호, 송두범. 1997. 자원봉사의 이론과 실제. 백산출판사.
48) 남애리. 내 이웃을 내 가족처럼, 자원봉사의 시작. 기록으로 만나는 대한민

국. 행정안전부 국가기록원, 2021.10.19. https://theme.archives.go.kr.
49) 월드비전. 2021.10.09. https://www.worldvision.or.kr.
50) 서종수, 박성원, 양지훈, 이미영, 장효은. 2022. 사회복지실천론. 지식공동체.
51) 엄명용, 김성천, 오혜경, 윤혜미. 2011. 사회복지실천의 이해. 학지사.
52) 김사열. 탈춤, 박정희 독재 치하 '민족문화 부흥운동'을 일으키다. 프레시안, 2023.07.04. https://www.pressian.com.
53) 행정자치부. 보도자료. 2015.10.23. https://www.mois.go.kr.
54) 국민일보. 원조받는 한국 역사속으로, 외국민간원조단체 지원법 52년만에 폐지. 2015.04.15. http://news.kmib.co.kr.
55) 한국국제협력단(KOICA). 한국해외봉사단. 국제개발협력용어집, 2023.05.09. https://terms.naver.com.
56) 뉴스창. 2017 새마을 리더 해외봉사단 모집. 2017. 02. 14. https://www.newswin.co.kr.
57) 굿네이버스. 2021.10.20. https://www.goodneighbors.kr.
58) 기아대책. 2021.10.20. https://www.kfhi.or.kr.
59) 경제정의실천시민연합. 2021.10.20. ccej.or.kr.
60) 참여연대. 2021.10.20. https://www.peoplepower21.org.
61) 구혜영. 코로나 이후 사회복지자원봉사, 어떻게 준비해야 할까?. 복지타임즈, 2023.07.20. http://www.bokjitimes.com.

제 9 장 자원봉사자의 유형과 특징

1) 국가법령정보센터. 자원봉사활동 기본법. 2022.07.26. https://www.law.go.kr.
2) 류기형, 남미애, 박경일, 홍봉선, 강대선, 배의식. 2018. 자원봉사론. 양서원.
3) 고재욱, 신기원, 황인옥, 최승완. 2021. 자원봉사론. 동문사.
4) 윤기종. 2009. 청소년자원봉사활동론. 이담북스.
5) 통계청. 자원봉사참여율. e-나라지표, 2022. 09.30. http://www.index.go.kr.

6) 김성이, 조학래, 노충래, 신효진. 2010. 청소년복지학. 양서원.
7) 나탈리 르비살(Latalie, Levisalles), 배영란 역. 2011. 청소년, 코끼리에 맞서다(L')ado, et le bonobo). 한울림.
8) 지식엔진연구소. 그레타 툰베리. 시사상식사전, 2022.06.29. https://terms.naver.com.
9) 위키백과. 그레타 툰베리(Greta Thunberg). 2022.10.05. https://ko.wikipedia.org.
10) 김성희. 2017. 인간관계와 의사소통. 공동체.
11) 제러미 리프킨(Jeremy Rifkin), 이희재 역. 2001. 소유의 종말(The age of access). 민음사.
12) 제러미 리프킨(Jeremy Rifkin), 이경암 역. 2010. 공감의 시대(The Empathic Civilization). 민음사.
13) 구혜영. 2018. 자원봉사론. 신정.
14) 김범수. 2021. 자원봉사론. 학지사.
15) 최상미, 신경희, 이혜림. 2017. 서울시 자원봉사 실태와 활성화방안. 서울연구원.
16) 박성애. 2000. 청소년자원봉사활동의 활성화 방안에 관한 연구. 대전대학교 경영행정대학원 석사학위논문.
17) 관계부처합동. 2018. 자원봉사활동 진흥을 위한 제3차 국가기본계획 [2018~2022].
18) 박명혜, 변진숙. 2020. 자원봉사론. 동문사.
19) 박필규. 봉사활동으로 세상과 소통하는 기업문화, 기업 자원봉사활동 AtoZ. GS칼텍스 매거진, 2012. 03. 09. I am your Energy, http://gscaltexmediahub.com.
20) 김도영, 이원규. ESG경영과 기업자원봉사 방향. (사)한국자원봉사문화와 CSR 포럼, 2022.04.15. https://blog.naver.com.
21) 김기룡. 2017. 기업자원봉사의 흐름과 전망. 세상을 바꾸는 힘, 자원봉사 2 - 기업자원봉사의 변화. (사)한국자원봉사문화. http://volunteeringculture.or.kr.

22) 교육부, 한국과학창의재단. 2020. 2020교육기부 활동 우수사례집.
23) 중앙일보. 소년원생 700명의 아부지 "도움 받으면 도움주더라". 2020. 03. 16. https://www.joongang.co.kr.
24) 조선일보. "성자였던 의사, 선우경식을 아십니까" 종교기자가 꼽은 영화적 인물. 2022.01.03. https://www.chosun.com.
25) 박미석, 이유리. 2003. 한국 노인의 여가활동시간에 관한 연구. 한국가정관리학회지, 21(1), 37-48.
26) 김예성, 하웅용. 2015. 독거노인의 생산적 여가활동 참여에 따른 신체적 정신적 건강과 자살생각에 관한 연구: 서울지역 저소득 독거노인들을 대상으로. 보건사회연구, 35(4), 344-374.
27) 백세시대. 노인은 '도서관'이다, 치매를 피할 수 있다면.... 2015. 08. 21. http://www.100ssd.co.kr.
28) 중앙일보. 배고픈 어르신께 점심 배달하고 '인생 선배' 지혜 얻는다. 2020.01.11. https://www.joongang.co.kr.
29) 이경하. 노인자원봉사활동활성화 '전문성·다양성'이 관건. 복지타임즈, 2021.01.20. http://www.bokjitimes.com.
30) Park, R.E. & Burgess, E.W. 1921. Introduction to the Science of Society. Chicago: University of Chicago Press.
31) 마르코 마르티니엘로(Marco Martiniel), 윤진 역. 2008. 현대사회와 다문화주의. 한울아카데미.
32) 박주현, 최덕경. 2011. 다문화사회의 이해와 실천. 창지사.
33) 장태한. 2004. 아시안 아메리칸. 책세상.
34) 유성구자원봉사센터. 다문화이주여성과 함께하는 자원봉사. 2020. 08. 21. https://m.facebook.com.

제 10 장 자원봉사 관리

1) 한국자원봉사협의회 외 12기관. 2018. 자원봉사 관리자 윤리강령. 서울시자원봉사센터, 2022.12.05. https://volunteer.seoul.go.kr/?menuno=93.

2) 한국자원봉사협의회. 자원봉사 관리자란. 2023.10.05. http://www.vkorea-edu.or.kr.
3) 행정안전부. 2012. 자원봉사 제1차 국가기본계획 수립계획.
4) 국무조정실. 보도자료. 자원봉사진흥위원회. 2020.07.10.https://www.korea.kr.
5) 행정안전부. 2019. 재난현장통합자원봉사지원단 운영매뉴얼.
6) 자원봉사종합보험 관리시스템. 2022.10.12. https://direct.samsungfire.com.
7) 행정안전부. 2022.10.12. 기념일 현황(개별법률). https://www.mois.go.kr.
8) 1365 자원봉사포탈. 2020.10.12. https://www.1365.go.kr.
9) 재단법인 한국중앙자원봉사센터. 2022.10.15. https://www.v1365.or.kr.
10) 한국자원봉사센터협회. 2022.10.15. http://www.kfvc.or.kr.
11) 한국자원봉사협의회. 2022.10.15. http://www.vkorea.or.kr.
12) 류기형, 남미애, 박여일, 홍봉선, 강대선, 배의식. 2018. 자원봉사론. 양서원.
13) 김범수. 2021. 자원봉사론. 학지사.
14) 구혜영. 2018. 자원봉사론. 신정.
15) AVA(Association for Volunteer Administration). 2023.01.05. https://www.avaintl.org/credential/compstat.html.
16) 자원봉사 아카이브. 2022.10.22. https://archives.v1365.or.kr.
17) 슬기로운 자원봉사 아카이브 활용 생활 개념편. 유투브(YouTube). 2020.11.18. https://www.youtube.com.
18) Taylor, F. W. 1919. The principles of scientific management. N.Y. and London: Haper and brothers publishers.
19) Fayol, H. 1949. General and industrial management.(Constance Storrs,. Trans.). London: Pitman and Sons, Ltd.
20) Weber, Max. 1947. The theory of social and economic organization. Translated by A.M. Henderson and Talcott Parsons. London: Collier Macmillan Publishers.
21) Mayo, Elton. 1933. The human problems of an industrial civilization. New York: Macmillan Co.

22) McGregor, G.. 1960. Personal corporations : A study of their background and treatment under the Canadian income tax. Toronto : Canadian Tax Foundation.
23) 이성록, 1998. 제 4 의 물결: 자원봉사활동. 학문사.
24) 김범수. 2021. 자원봉사론. 학지사.
25) 김성희. 2017. 인간관계와 의사소통. 공동체.
26) 김완일, 김옥란. 2015. 성격심리학. 학지사.
27) Myers, I. B. & Myers, P. B. 1995. Gifts differing: Understanding personality type. Mountain View, CA: Davies-Black Publishing.
28) The Myers-Briggs Foundation. 2014. MBTI basics, http://www.myersbriggs.org.
29) Higgins, E. Tory. 1997. Beyond pleasure and pain. American Psychologist, 52(12), 1280-1300.
30) Marston, W. M. 1928. Emotions of normal people. Taylor & Francis Ltd.
31) 김영회. 2014. DiSC. 학이시습.
32) 배른과 와겔리 (Baron & Wagele), 최연실 역. 1997. 사람을 알 수 있는 9가지 방법 (The enneagram made easy: Discover the 9 types of people). 청림출판.

제 11 장 자원봉사자의 태도와 활동방법

1) 법제처 국가법령정보센터. 자원봉사활동 기본법. 2022.07.26. https://www.law.go.kr.
2) 다나카유, 김영애 역. 2013. 자원봉사도 고민이 필요해. 돌베개.
3) 조종희. 인생 어떻게 창의적으로 문제를 해결할까. 재단법인 플라톤 아카데미, 2022. 10. 04. https://platonacademy.org.
4) Seeling, Tina. 2009. The $5 Challenge. Psychology Today. August 5. https://www.psychologytoday.com.
5) 한국앰네스티 한국지부. 세계인권선언. 2016.12.10. https://amnesty.or.kr/

resource.
6) 종합케어센터 선빌리지, 박규상 역. 2006. 노인이 말하지 않는 것들. 시니어 커뮤니케이션.
7) 한국요양보호협회. 2020. 요양보호사 표준교재.
8) 김성희. 2017. 인간관계와 의사소통. 공동체.
9) 이성록. 1998. 자원봉사활동. 학문사.

제 12 장 장애인을 위한 자원봉사활동

1) 법제처 국가법령정보센터. 장애인복지법. 2022.08.15. https://www.law.go.kr.
2) 전라남도사회복지협의회. 2005. 사회복지자원봉사 알고하면 기쁨 두배. 전라남도사회복지협의회부설 사회복지정보센터.
3) 수전 웬델(Susan Wendell), 황지성·김은정 역. 2013. 거부당한 몸: 장애와 질병에 대한 여성주의 철학(Thw Rejected Body: Feminist Philosophical Reflections on Disability). 그린비.
4) 오토다케 히로타다(乙武洋匡), 전경빈 역. 2001. 오체불만족, 창해.
5) 보건복지부. 장애인권익지원. 2023. 02.13. https://www.mohw.go.kr.
6) 법제처 국가법령정보센터. 장애인활동 지원에 관한 법률. 2023. 02. 13. https://www.law.go.kr.
7) 보건복지부. 2019. 장애인과 함께 하는 활동지원사 양성교육과정.
8) 신현석. 2013. 장애인복지론. 공동체.
9) 이영호. 2000. 장애아동 부모 어떻게 도울 것인가. 학문사.
10) 보건복지부. 2017. 발달장애인 부모교육과정 매뉴얼. 진한엠앤비.

제 13 장 아동을 위한 자원봉사활동

1) 법제처국가법령정보센터. 아동복지법. 2022. 08.12. https://www.law.go.kr.
2) 법제처국가법령정보센터. 영유아보육법. 2022. 08.12. https://www.law.

go.kr.

3) 법제처국가법령정보센터. 청소년기본법. 2022. 08.12. https://www.law.go.kr.
4) 유안진. 1998. 인간발달신강. 문음사.
5) 정옥분. 2015. 전생애 인간발달의 이론. 학지사.
6) 전라남도사회복지협의회. 2005. 사회복지자원봉사 알고하면 기쁨두배. 전라남도사회복지협의회 부설 사회복지정보센터.
7) 질병관리청 국가건강정보포털. 소아/청소년 식이영양. 2022.08.13. https://health.kdca.go.kr.
8) 윤교희, 양희태. 2004. 생화학. 도서출판 효일.
9) 보건복지부, 한국영양학회. 2020. 2020한국인 영양소 섭취기준. 보건복지부.
10) 이효숙. 2020. 아동건강교육. 양서원.
11) 최민수. 2001. 영유아 건강과 안전. 학지사.
12) 보건복지가족부, 중앙건강가정지원센터. 2009. 아이돌보미 양성교육 교재.
13) 질병관리청 국가건강정보포털. 소아의 대소변가리기. 2022.08.13. https://health.kdca.go.kr.
14) 김진영, 백혜리, 최윤정. 2006. 유아를 위한 교수-학습방법론. 양서원.
15) 윤희경. 2015. 유아 교수 학습방법. 창지사.
16) 이영자, 이기숙, 이정욱. 2009. 유아 교수 학습 방법. 창지사.
17) 이순형, 권혜진, 권기남, 김혜라, 최나야, 김지현, 김은영, 안혜령, 조우미. 2015. 영유아 과학지도. 교문사.

제 14 장 노인을 위한 자원봉사활동

1) 정옥분. 2016. 노인복지론. 학지사.
2) 이해영. 2019. 노인복지론. 창지사.
3) 국가지표체계. 독거노인비율. 2023. 01.02. https://www.index.go.kr.
4) 대한민국 정책브리핑. 지역사회 통합 돌봄(커뮤니티 케어). 2021. 11. 17. https://www.korea.kr.

5) 법제처 국가법령정보센터. 노인복지법. 2023. 01.02. https://www.law.go.kr.
6) 정시채. 2005. 사회복지자원봉사 알고하면 기쁨 두배. 나주: 전라남도 사회복지협의회 부설 사회복지정보센터.
7) 진영란, 백성희, 백일훈, 원선임, 조진희, 최인덕, 최태자. 2020. 요양보호사 표준교재. 한국요양보호협회.
8) 김순옥, 나은선, 박현순, 신은영, 황은희. 2022. 노인간호학. 신광출판사.
9) 김희진. 2020. 노인간호학. 정문각.
10) 윤찬중, 명봉호. 2008. 노인 여가와 치료 레크리에이션. 진영사.
11) 나항진. 2005. 노인의 여가. 한국학술정보.
12) 황남희. 2014. 한국 노년층의 여가활동 유형화 및 영향요인 분석. 보건사회연구, 34(2), 37-69.
13) Erikson, E. H. 1982. The Life Cycle Completed. New York: W. W. Norton & Co.
14) 김준구. 2007. 재활과 치료레크리에이션. 동문사.
15) 류종훈. 2002. 노인교육의 이론과 실제. 학문사.
16) 조재숙. 2007. 노인복지레크리에이션. 창지사.
17) 김현희, 서정숙, 김세희, 김재숙, 강은주. 2004. 독서치료. 학지사.
18) 임성관. 2012. 노인을 위한 독서치료. 시간의 물레.

제 15 장 재난구호를 위한 자원봉사활동

1) 울리히 벡(Ulrich Beck), 홍성태 역. 2006. 위험사회(Risikogesellschaft). 새물결.
2) 국민재난안전포털. 재난예방대비. 2023.10.05. https://www.safekorea.go.kr.
3) 행정안전부. 2019. 재난현장통합자원봉사지원단 운영매뉴얼.
4) 서초구자원봉사센터. 서초구자원봉사센터 재난·재해 자원봉사활동 가이드. 2023. 06.15. https://search.naver.com.

5) 김영식. 사회복지시설 안전강화교육. 한국시설안전공단, 2020. https://www.youtube.com.

6) 국토안전관리원. 재난 시 구호 및 봉사활동 참여하기. 2023.10.04. https://www.youtube.com.

7) 국가정신건강서비스포털 의학정보. 외상후스트레스장애. 2023.10.05. https://terms.naver.com.

8) 대한신경정신의학회. 2017. 신경정신의학. 아이엠이즈컴퍼니.

INDEX

저자 소개

김성희

순천대학교 사회복지학과 교수 (1997년~ 현재)

서울대학교 대학원 가정학 석사

서울대학교 대학원 문학박사

주요 논문 및 저서

청소년 자원봉사의 이타성과 이기성, 진로성숙도, 시민의식에 관한 연구

청소년의 자원봉사 동기요인과 가족자원봉사 활성화 연구

가족돌봄 대체인력 요양보호사의 직무스트레스와 직무만족도

노인 돌봄가족을 지원하는 지역사회 서비스

지역사회와 연계한 학업중단 예방을 위한 모델 개발연구

수어통역사의 소진에 영향을 미치는 요인

노인의 성공적 노화에 영향을 미치는 요인

인간관계와 의사소통 등

주요 경력

순천시 건강가정지원센터/가족센터 센터장

이타적 사회를 위한 **자원봉사론**

1판 1쇄 인쇄 2023년 12월 20일

1판 1쇄 발행 2023년 12월 29일

저　　자 김성희

발 행 인 이범만

발 행 처 **21세기사** (제406-00015호)

경기도 파주시 산남로 72-16 (10882)

Tel. 031-942-7861　　Fax. 031-942-7864

E-mail : 21cbook@naver.com

Home-page : www.21cbook.co.kr

ISBN 979-11-6833-092-4

정가 20,000원